多维邻近性视角下高职产教融合协同育人共同体模式韧性发展研究

李振华 ◎ 著

西南交通大学出版社
·成 都·

图书在版编目（CIP）数据

多维邻近性视角下高职产教融合协同育人共同体模式韧性发展研究 / 李振华著. —成都：西南交通大学出版社，2023.8

ISBN 978-7-5643-9432-5

Ⅰ. ①多… Ⅱ. ①李… Ⅲ. ①高等职业教育 – 产学合作 – 研究 – 中国 Ⅳ. ①G718.5

中国国家版本馆 CIP 数据核字（2023）第 146019 号

Duowei Linjinxing Shijiaoxia Gaozhi Chanjiao Ronghe Xietong Yuren Gongtongti Moshi Renxing Fazhan Yanjiu

多维邻近性视角下高职产教融合协同育人共同体模式韧性发展研究

李振华 著

责任编辑	郭发仔
封面设计	GT 工作室
出版发行	西南交通大学出版社 （四川省成都市金牛区二环路北一段 111 号 西南交通大学创新大厦 21 楼）
邮政编码	610031
发行部电话	028-87600564　　028-87600533
网址	http://www.xnjdcbs.com
印刷	成都蜀通印务有限责任公司
成品尺寸	167 mm × 240 mm
印张	14.75
字数	254 千
版次	2023 年 8 月第 1 版
印次	2023 年 8 月第 1 次
书号	ISBN 978-7-5643-9432-5
定价	68.00 元

课件咨询电话：028-81435775
图书如有印装质量问题　本社负责退换
版权所有　盗版必究　举报电话：028-87600562

>>>> 【个人简介】

李振华，1982年生，浙江商业职业技术学院副研究员，信息系统项目管理师（高级），中国计算机学会职业教育专委会委员，中国计算机学会（CCF）高级会员，《现代教育技术》等多家期刊论文审稿人，《中国计算机学会通讯》等期刊编委。主要研究方向为职业技术教育、多媒体技术。在《教育发展研究》《中国高校科技》《中国职业技术教育》《实验室研究与探索》《实验技术与管理》《中国教育报》《中国城市报》《中国商报》等核心刊物、国家级媒体发表论文20余篇。

>>>> 【内容简介】

　　本书聚焦高职院校产教融合协同育人共同体模式的理论与实践，从多维邻近性视角下高职院校产教融合协同育人共同体模式相关理论、多维邻近性视角下高职院校产教融合协同育人共同体模式韧性发展的创新设计、多维邻近性视角下高职院校产教融合协同育人共同体模式韧性发展的问题与纾解案例、多维邻近性视角下高职院校产教融合协同育人共同体模式韧性发展的对策分析等方面开展研究，对面向未来的高职院校产教融合协同育人要素与创新实践等主要内容进行了分析，绘制出一张现代高职院校产教融合协同育人共同体模式的理论与实践行进路线图。本书可供教育行政部门管理人员和高校教师、科研人员、管理人员阅读参考。

【前言】

随着1996年《中华人民共和国职业教育法》的颁布，高等职业教育正式在我国教育体系中确立了位置。经过多年的砥砺奋进，高职教育迅猛发展，已经占据我国高等教育的半壁江山，在我国教育改革创新发展中占据了重要的位置。根据国家教育部公布的《全国高等学校名单》，截至2021年9月30日，我国已有高职院校1466所、职业本科22所，高等职业教育在校生超过1400万人，高职院校在提高劳动者素养、促进整体就业与创业等方面起到了重要的作用，在持续推动我国高职教育高质量发展的征程中作出了卓著的贡献。

2021年10月12日，中共中央办公厅、国务院办公厅印发了《关于推动现代职业教育高质量发展的意见》。这一国家对职业教育发布的指导意见，必将更有力地推动职业教育从大有可为走向大有作为的道路，助推技能型社会建设，同时对于实施科教兴国战略和人才强国战略具有重要的作用。在当前"互联网+""双循环"等发展背景下，现代高职院校高质量发展，特别是产教融合协同育人，面临新的机遇与挑战。高职院校产教融合协同育人既要有政策层面的革故鼎新，又要职业院校砥砺前行，深入推进育人方式、教学模式、管理体制、保障机制等改革。高职产教融合协同育人共同体模式韧性发展研究以高等职业院校高质量发展的理论与实践为根本，激发和强化高职院校技术技能人才培养等院校职能，为高职院校的教育教学创新发展提供了良好的条件，而且也为拓展和优化高职教育资源，进一步服务教育未来发展打下坚实的基础。高职院校产教融合协同育人根植于职业教育文化，扎根于行业企业，在提高区域社会竞争力、推动发展"人工智能+"战略规划等方面发挥着重要的作用，这是一种良性循环，是一个较为理想的发展局面。高职院校产教融合协同育人共同体模式韧性发展的相关研究具有重要的现实意义。

本人在研究高职院校产教融合协同育人共同体模式发展问题时,一直循着问题导向与理论突破相结合的思路,从宏观与微观互构的研究视角,分析现代高职院校产教融合协同育人的发展理念与教育管理方略,基于多维邻近性视角,建立高职院校产教融合协同育人的发展思路,探索高职院校校地合作办学、"人工智能+"专业人才培养等现代高职教育协同育人模式,开展现代高职院校产教融合协同育人相关内容的思考,并对面向未来的高职院校产教融合协同育人要素与创新实践等主要内容进行了分析研究,由此绘制出一张现代高职院校产教融合协同育人共同体模式的理论与实践行进路线图。本书以上述内容为线索,将主要内容分为七个章节,大致可分为四个部分。

第一部分,多维邻近性视角下高职产教融合协同育人共同体模式相关理论梳理。以高职技术技能人才培养为目标的高职产教融合协同育人共同体模式研究,需要梳理用于指导其发展的新理论、新思路。多维邻近性相关理论是高职产教融合协同育人共同体模式研究的新理论,也是较为恰当的研究多元主体合作切入口的理论。多维邻近性这一概念由邻近性概念演化而来,而邻近性的概念源自Marshall所提出的集群经济概念,原先邻近性的概念仅仅针对地理邻近性,其主要描述集群中的经济主体的空间区位所处的关系。*Cambridge Journal of Economics* 从1999年开始发表关于邻近性与知识创新发展联系的论文,现今邻近性已经成为经济学、地理学等多学科关注的焦点,用于探索邻近性关系下创新发展的相关研究。随着学者对于邻近性内涵的拓展延伸,当前邻近性已由单纯表征空间的概念扩展至包含认知、组织、制度、社会、技术等相互作用、相互影响的多维邻近性。此部分分析多维邻近性视角下高职产教融合协同育人共同体模式的理论审视、基本内涵、实践特征等相关内容。

第二部分,多维邻近性视角下高职产教融合协同育人共同体模式韧性发展的创新设计。由于多维邻近性具有多重属性，同时历史上已经有相关研究并形成了不同类别的属性划分方式，将该理论应用到高职教育这一崭新的领域，需要根据其特点重新梳理并在高职产教融合协同育人模式方面划分属性类别，以便于从理论延伸到实践，提出相应的实践指导与发展建议。汇总并梳理相关文献，分析产教融合人才培养构成要素、创新机制以及创新发展的演化过程，同时根据地理、社会、组织、认知等多维邻近性对于高职产教融合协同育人共同体模式的影响，重新界定高职产教融合协同育人共同体模式中多维邻近性的内涵，选取相应的内容予以描述邻近性，如使用空间区位邻近的校地合作等描述产教融合协同育人共同体模式中的地理邻近性，使用制度、文化等相近的校企合作描述产教融合协同育人共同体模式中的社会邻近性等，从而构建并研究包括实践要求、功能目标、组织实施、运行机制等在内的创新人才培养模式的多维邻近性理论模型，并进行创新实践。

第三部分，多维邻近性视角下高职产教融合协同育人共同体模式韧性发展的问题与纾解案例。摆脱单一维度分析高职产教融合协同育人发展的缺陷，采用多维邻近性理论将产教融合协同育人共同体模式作为一个整体，审视高职技术技能人才培养与发展的新框架。分别从高职产教融合协同育人共同体模式的创新实践、问题与归因等内容，开展高职产教融合协同育人共同体模式中多维邻近性的现状分析。高职产教融合协同育人共同体模式由政府、行业企业、高职院校等多维合作主体集中研究、集中培育。在人才培养过程中，各相关主体提供培养政策、平台、载体等，促进了知识创新发展与实践转化应用，从校企合作、校地合作、校产合作等方面，对国内高职院校产教融合协同育人共同体模式中多维邻近性作用等现状进行分析，从理论与实践相结合的视角深入剖析产教融合人才培养中知识创新发展与产教融合人才培养模式更新等相互影响机制，以促进高职产教融合协同育人共同体模式的韧性发展。

第四部分，多维邻近性视角下高职产教融合协同育人共同体模式韧性发展的对策分析。由于多维邻近主体之间的邻近性使其在组织架构、技术创新、文化传播等方面具有相似性，利于开展知识创新发展与实践转化应用，进而影响人才培养的创新发展，因而多维邻近性与高职产教融合协同育人共同体模式之间具有相关性。基于多维邻近性理论分析高职产教融合协同育人共同体模式存在的宏观、中观、微观上的发展问题，对比国内产教融合人才培养模式的案例，借鉴国外成功的样本经验，以解决现阶段高职产教融合人才培养模式实践中难以切实有效指导等问题，推进高职产教融合协同育人共同体模式韧性发展，在一定程度上弥补了产教融合协同育人模式研究中微观分析的缺失，同时也丰富了多维邻近性理论的相关实证分析研究。

  本书区别于市面上教育管理范畴的书籍，专门研究现代高职院校产教融合协同育人共同体模式的理论与实践，形成的成果集中反映了作者学习、研究高职院校产教融合协同育人的主要经验，因而针对性和应用性强，可为政府部门与广大高职院校的具体实践提供咨询建议与参考样本。本书试图系统说明现代高职院校产教融合协同育人的理论与实践相关问题，但限于理论水平与实践经验，其中难免存在肤浅与不足之处，在此诚恳地希望得到社会各界专家、学者与广大读者的批评指正，以便改进和提高。

  本书的相关研究与浙江商业职业技术学院"十四五"事业发展规划（2021—2025）同向同行，无论是微观与中观的案例研究还是宏观的对策建议，都积极反映学校"十四五"事业发展规划中的相关建设举措，较为集中地阐述了高职院校高质量发展过程中所关心的产教融合协同育人共同体模式的建设与推进情况。希望本书的研究能起到"抛砖引玉"的作用，吸引更多的专家学者和政府部门投入现代高职院校产教融合协同育人的相关研究与实践中来，助推高职院校教育与管理水平迈上新台阶，促进高职院校向着教育高质量、均衡、可持续发展的目标一路向前。

  在此，非常感谢成稿过程中诸多专家学者的指导与帮助。感谢中国高等教育学会职业技术教育分会理事长、国家职教专家周建松教授对研究成果的认可并激励我不断推进研究工作！感谢浙江开放大学吴伟赋教授、杭州电子科技大学马香媛教授、杭州市社科研究院方晨光研究员对我的指点！感谢谭小军编审一直以来的肝胆相照、出谋划策！感谢学校发展规划处的同事！感谢《教育发展研究》《中国高校科技》《中国职业技术教育》《实验技术与管理》《实验室研究与探索》《档案管理》《中国教育报》等报刊给予研究成果展示的机会！

本书为浙江省哲学社会科学规划课题"浙江省高职院校产教融合的社会效益评价体系构建研究"（编号：23NDJC400YBM）的研究成果。

本书得到了浙江商业职业技术学院学术专著出版资金的资助。

李振华

浙江商业职业技术学院

2022 年 12 月

目录

第一章 绪论 ……001
- 第一节 研究缘起与意义 ……001
- 第二节 核心概念界定 ……005
- 第三节 国内外研究现状 ……008
- 第四节 研究思路与主要研究内容 ……014
- 第五节 研究视角与研究方法 ……017

第二章 高职产教融合协同育人共同体模式的由来与发展 ……020
- 第一节 高职产教融合协同育人共同体模式的发展背景 ……020
- 第二节 高职产教融合协同育人共同体模式的历史沿革 ……031
- 第三节 我国高职产教融合协同育人共同体模式现阶段的发展方向 ……043

第三章 多维邻近性视角下高职产教融合协同育人共同体模式的理论分析 ……048
- 第一节 高职产教融合协同育人共同体模式的理论审视 ……048
- 第二节 高职产教融合协同育人共同体模式的基本内涵 ……052

第三节 高职产教融合协同育人共同体模式的实践
特征 ………………………………………… 061
第四节 高职产教融合协同育人共同体模式的类型
分析 ………………………………………… 067

第四章 多维邻近性视角下高职产教融合协同育人共同体模式
韧性发展的创新设计 …………………………… 078

第一节 高职产教融合协同育人共同体模式韧性
发展的现实意义 …………………………… 078
第二节 高职产教融合协同育人共同体模式
韧性发展的实践要求 ……………………… 082
第三节 高职产教融合协同育人共同体模式
韧性发展的培养目标 ……………………… 086
第四节 高职产教融合协同育人共同体模式
韧性发展的组织实施 ……………………… 091
第五节 高职产教融合协同育人共同体模式
韧性发展的运行机制 ……………………… 096

第五章 多维邻近性视角下高职产教融合协同育人共同体模式
韧性发展问题与纾解案例 ……………………… 100

第一节 高职产教融合协同育人共同体模式韧性发展的
问题 ………………………………………… 100
第二节 高职产教融合协同育人共同体模式
韧性发展的问题纾解案例 ………………… 104

第六章 多维邻近性视角下高职产教融合协同育人共同体模式
韧性发展的经验举要 …………………………… 124

第一节 德国产教融合协同育人共同体模式
韧性发展的经验举要 ……………………… 124

	第二节	澳大利亚产教融合协同育人共同体模式
		韧性发展的经验举要 …………………… 131
	第三节	我国高职产教融合协同育人共同体模式
		韧性发展的经验举要 …………………… 140

第七章 多维邻近性视角下高职产教融合协同育人共同体模式韧性发展的对策建议 ………… 153

第一节 高职产教融合协同育人共同体模式
韧性发展的背景 ………………………… 153

第二节 高职产教融合协同育人共同体模式
韧性发展的主要思路 …………………… 157

第三节 高职产教融合协同育人共同体模式
韧性发展的主要举措 …………………… 167

附　录 ……………………………………………… 177

参考文献 …………………………………………… 213

后　记 ……………………………………………… 218

第一章

绪 论

第一节 研究缘起与意义

一、研究缘起

（一）经济社会发展需要高职技术技能人才创新培养

从宏观层面看，高职院校人才培养与区域经济社会发展的实际需求息息相关。我国高职院校发展所经历的近40年人才培养实践，实现了从规模扩张到内涵建设，直至创新发展的跨越式进步。2019年以来，外部发展形势严峻，世界经济复苏变慢，我国面对愈加严峻复杂的国际环境以及国内疫情变化等情况，仍然能保持令人赞叹的稳定经济增长。据国家统计局数据显示，2021年我国国内生产总值（GDP）达114.367万亿元，比上年增长8.1%，不仅超过了国内往年6%的增长幅度，而且大大高于5.7%的同时期美国经济增速、5.2%的欧元区经济增速。产业结构持续调整优化，三次产业比重调整为7.3∶39.4∶53.3。其中三次产业的增加值分别为77754亿元、384255亿元、553977亿元，三次产业的增长率分别为3.0%、3.6%、2.1%。在我国经济社会迈向新阶段之际，新产业、新技术、新业态、新模式和新服务等全面落实创新驱动发展战略，坚持高质量发展，有力推动了中国经济行稳致远，而新阶段的经济持续健康发展也对创新发展提出了新的要求。一方面，世界经济贸易的全球共同体合作趋势明显，成为互利共赢的利益发展纽带，推动世界各国经济稳定，并缓解国际贸易不平衡的现象；另一方面，以高职院校为主体、政府为主导，以行业企业、社会相关组织等为支撑的高职院校产教融合共生共荣，协同育人，充分发挥了产教融合协同育人主体之间相互促进的育人功效，在缓解对于区域高素质技术技能人才供给需求矛盾的同时，对直接服务区域社会发展的产教融合人才培养提出了更高的要求。

（二）国家发展战略需要高职技术技能人才创新培养

"中国制造2025"发展战略、乡村振兴战略、"一带一路"倡议等的提出具有前瞻性、实践性和时代性，为高职技术技能人才创新培养提供了契机。"中国制造2025"是我国结合全球制造业发展态势所提出的面向国内制造业转型升级与产教融合发展的共同行动指南，其中不仅提出了从制造业大国走向制造业强国的行动方略，而且对职业教育，特别是高职教育人才培养模式、质量等提出了契合国家发展战略的新诉求。同时，高职教育人才培养模式积极调整当前存在的人才培养模式与制造业、服务业、商业等发展实际脱节的不适应现象，更新人才培养策略，优化人才培养体系，以肩负国家乡村振兴战略为己任，培养高职技术技能人才，以进一步实施乡村振兴战略，逐步解决农业农村农民问题。"一带一路"倡议提出以来，参与各方的互动更为频繁与畅通。与此同时，"一带一路"高职院校战略联盟、"一带一路"城市旅游联盟等多个联盟成立，促进了以开放性、实践性为主导的高职技术技能人才培养体系的进一步完善，与各参与方共同培养高素质技术技能人才已经成为常态。一方面，国家战略发展与倡议关乎我国产业转型升级的一体化发展，是树立我国在世界产业全局中地位的重要举措，其中产业转型升级的成败与产教融合人才培养模式的高水平发展情况密切相关；另一方面，高职教育产教融合人才培养模式成为新时代国家战略与倡议推进的助力器，体量大且水平高的产教融合人才培养不仅拉动了产业升级发展，还带动了人才聚集、产业孵化、对外合作等产教融合平台的加速建设，为全局化的共同体发展提供人力与智力方面的支持。

(三) 新时代高职产教融合协同育人共同体模式成为技术技能人才培养新模式

高职院校有服务地方经济社会发展的责任和义务，在探求创新人才培养体制机制和科学化教学模式等发展道路中，应进一步主动加强高职院校人才培养，为推进经济社会发展提供有力的人力和智力支撑。近年来，高职院校校地合作等产教融合协同育人共同体模式已经成为热议焦点，产教融合协同育人共同体模式这一人才培养模式引起了学术界的关注。在理论研究和实践探索中，职业院校纷纷提出校本案例并进行分析与论证。如浙江商业职业技术学院与义乌市政府合作，共建浙江电子商务学院，共同培养电子商务专业人才，这就是典型的产教融合协同育人共同体模式。其将人才培养作为产教融合的核心任务，依托当地政府的支持与主导，推进高职院校、行业企业等构建利益共同体、人才共同体的产教融合发展，为区域培养高质量的技术技能人才，逐步扩大产教融合的共同体社会效应，吸引更多主体参与产教融合实际活动，并形成高职产教融合发展的共同体、同心圆。新时代高职产教融合协同育人共同体模式成为技术技能人才培养的新途径。在人才培养方面，高职产教融合协同育人共同体的培养，加强了教育界与产业界等之间的人才发展沟通，更加符合现阶段社会对于高职技术技能人才的需求。在课程与教学方面，高职产教融合协同育人共同体模式较以往其他人才培养模式更加注重职业教育与生产实践的结合，教学模式和教学方法更加灵活多样。在理论学习和实践教学方面，架设起教育界与产业界的桥梁，能更好地结合政府、行业企业、高职院校等相关资源，进行高职产教融合人才的培养与储备。

二、研究意义

（一）理论意义

理论意义主要体现在：第一，丰富传统高职产教融合人才培养理论内涵。本研究的主题是多维邻近性视角下高职产教融合协同育人共同体模式韧性发展，主要是以高职院校为第一视角，研究分析如何增强多维度的邻近性对高职院校教育的正面影响，提升政府部门、行业企业、高职院校等多元化主体之间的沟通与关联，主要表现在充分运用多维邻近性理论加强高职产教融合协同育人共同体模式的人才培养设计与实践的积极作用，主动强化技术邻近，提升社会邻近、组织邻近等，推进高职产教融合人才创新发展与模式的韧性塑造。第二，创新高职产教融合协同育人共同体模式的理论。鉴于国外关于多维邻近性理论与创新发展相关主题已成为多学科关注的研究热点，而该领域在国内还处于起步研究阶段，在教育学与经济学等交叉领域的研究是值得期待的。在传统高职产教融合协同育人的科学研究环节中，人才培养模式的着力点主要在于点状的线性人才培养模式，对于某个专业的人才培养模式研究多，且研究较为微观。从目前来看，多元化主体的合作模式比较固定，其中的操作方式也以便利化为主，人才培养模式研究在此现状下有一定的局限性。多维邻近性视角下高职产教融合协同育人共同体模式，从线性延展到平面与空间的共同体发展角度看，其优势是以多维度邻近性的优点带动更多主体创新，主动积极地参与人才的培养，合作规模也进一步扩大。在宏观层面探究地理邻近、技术邻近、社会邻近、组织邻近等与高职技术技能人才培养的交互机制与实际影响，有利于构建较为完善的高职技术技能人才培养的交叉理论并推进实践。第三，创新高职产教融合协同育人共同体人才培养机制。以地理邻近、技术邻近、社会邻近、组织邻近等多维邻近性促使高职技术技能人才培养主体维持主动性，从多维邻近性推动高职技术技能人才能力持续发展的影响机制来设计，推动人才培养模式的创新，减少盲目自主创新发展人才培养模式的成本与风险，提高产教融合协同育人创新机制的效率。

（二）现实价值

现实价值主要体现在：第一，以人才培养模式创新，破解高职产教融合协同育人相关关键问题。大力推进高职技术技能人才发展已经成为我国产业发展等各项事业发展的重要推动力，针对人才培养模式在新时代面临的创新能力不足以及整体人才竞争力不够等现象，基于多维邻近性视角，有效破解单一视角理论的研究缺陷，寻找多元主体之间交互的关键方式，以解决现有产教融合、校企合作动力不足、融合不深等问题，汇聚高职产教融合协同育人共同体的多方面能量，贯彻落实产教融合发展的有关精神。第二，以人才培养模式的创新，促使区域内高职教育产教融合更加深化。基于多维邻近性视角，秉着互利共赢、互相促进、全面提升的原则，利用多元化主体地理环境、社会发展等多维邻近方面的区位优势和办校优势，在优势专业共建、优秀人才共育、优质资源共享等方面开展实际性产教融合、校企合作办学，推动地区经济社会协同发展。第三，以人才培养模式转型升级，推进区域内高职教育产教融合更加均衡。引导高职院校人才培养模式从以往忽略区域内多元主体互动交流的"陌生的邻居"模式，转变为从地理邻近、技术邻近、社会邻近、组织邻近等发展内生式、延展式的发展模式，改进国内高职产教融合、校企合作办学的组织结构、管理机制及发展战略等，厘清高职产教融合人才培养中多维邻近性等方面的共同体建设现实状况，有利于推动高职院校的多维邻近性发展，加快高职产教融合人才培养的绩效，推进区域内高职教育产教融合进一步发展。

第二节　核心概念界定

一、多维邻近性

在《辞海》中，邻近原指位置上的接近，表示物理位置之间的距离长短。邻近性则表示具有位置关系的属性特征。多维邻近性实际上是来源于经济管理学中的概念，与产业集群等具有"群""协同"等发展性内涵。关于邻近性的多维问题，法国邻近动力学派于20世纪90年代提出并进行研究。该学派在构建完整、规范、统一的解析经济发展空间的研究范式过程中，逐渐演变并衍生出多维邻近性概念，即除了传统的地理邻近属性外，还包括其他技术、社会、组织等层面的关系属性。提到多维邻近性时，就赋予某主体的多维邻近属性，主要从地理邻近性、认知邻近、组织邻近、制度邻近、文化邻近、技术邻近、社会邻近等多维属性予以体现。从理论根源来看，认知邻近、组织邻近、技术邻近等其他属性多从地理邻近中衍生而来，表达的是与地理邻近概念相关的组织机构相近、社会关系相近、技术手段相近等主体间的邻近关系，其相互作用组建形成合作关系网络，逐步增强其主体的文化、技术等交流，实现创新能力与自身竞争力的提升。总体而言，多维邻近性视角聚焦于创新发展主体、资源、技术等优势的相关性，从相关性入手实现强强联手或者以强扶弱的创新发展生态。

二、产教融合

在国家职业教育高质量发展、本科层次职业教育发展、"双高计划"建设中，产教融合的功能与作用愈加凸显。当前产教融合主要是高职院校在当地政府的支撑之下，与其他相关主体开展的诸如人才培养、社会服务、技术创新等多重合作。相关合作主体，由行业企业、事业单位、科研院所等组成。

产教融合主要从产与教的主体合作融合上下功夫，也就是在当地政府的协同推进下，促进产的主体——行业企业、科研院所等，与教的主体——学校等的深入合作交互。由合作主体对象来区分合作形式，则主要包括校企合作、校校合作，以及当前探索越来越多的校地合作、校产合作、校所合作等主体形式。显而易见，由教的主体——学校，主动与产的主体——行业企业、科研院所等开展的外部合作为当前高校的主要合作表现形式。高职院校底子目前并不太厚、社会资源不太足，产教融合效果与预期设想存在差距，产教融合在现实中的质量还存疑。当前，在我国教育创新驱动发展的大环境下，高职院校仍然是主力军、排头兵，与行业企业等建设主体，在政府的布局和支持下形成合力，进行高素质技术技能人才培养，服务地方经济及地方文化传承。

三、产教融合协同育人共同体模式

共同体原指人们在共同的条件、目标下所结成的组织团体，其组织形式包括经济共同体、文化共同体、政治共同体等。产教融合协同育人共同体旨在向产教融合深度发展，是由政府、高职院校、行业企业等多元主体协同组建的组织结构，其对于共同体发展的合作主体、合作过程、合作技术、合作环境等进行重构重组与重聚，实现产教融合人才培养的生态发展。产教融合协同育人共同体形态，主要是结合校企合作、校产合作、校校合作、校所合作、校地合作等多种多元合作对象的产教融合形态展开，其中校企合作是传统模式，校地合作等则是当前新兴的模式。

校企合作是较为传统的高职教育合作发展模式，主要涉及高职院校与专业对应的相关企业，在人才培养目标设定、师资培训发展、实训基地建设、教材开发与实践、实习实训开展等多个环节合作，进行订单式人才培养等。校产合作是指在高职教育合作发展的目标下高职院校与行业产业的直接合作，与行业这一企业集群协调管理组织合作，从中观层面加强全局性的产教融合发展。总体而言，校产合作较校企合作更具有柔性与韧性，一方面反映在产教融合发展的通盘协调上，另一方面体现在合作发展的长期规划上。产教融合中的校地合作形式是近年来关注较多的一种多元主体合作模式，其在力量汇聚方面主要由政府为主导来实施推进，同时由多元主体开展项目制定、资金投资、战略规划、多方联动、项目开展等工作，实现多元主体的互动交流与融合发展。在产教融合的发展模式中，地方政府的推进力度与支持程度，在很大程度上促成了高职院校与行业企业、学校、科研院所等主体在产教融合协同育人实际质量的较大提升。

就模式而言，高职产教融合协同育人共同体模式较之其他传统技术技能人才培养模式，不但在地理环境上实现了产业与教育的结合，还在职业教育发展理念、技术、组织、价值层面实现聚合融通，因而高职产教融合协同育人共同体不仅仅是技术技能人才培养的共同体，更是职业教育发展的命运共同体、职业教育生态构建的责任共同体。从这个角度看，产教融合协同育人共同体模式是一个向着生态方向发展的宏观发展模式。

第三节　国内外研究现状

一、国内产教融合协同育人模式的研究现状

高职产教融合协同育人共同体模式基于产教融合协同育人模式发展而来。在中国知网数据库检索"产教融合人才培养模式"关键词，发现国内该领域文献主要集中于有关产教融合协同育人模式的内涵、产教融合人才培养模式的理论、产教融合人才培养的影响因素、产教融合人才培养模式的问题与对策等方面，涉及职业教育、高等教育、企业经济、计算机软件及计算机应用、新闻与传媒等多学科。被高频率引用的核心期刊论文包括：张鹤的《产教融合人才培养模式研究与实践》、沈黎勇等的《高校产教融合背景下人才培育困境化解：基于MIT工程人才培养模式研究》、戴岭等的《"1+X"证书制度下高职院校产教融合人才培养模式：内在契合性、现实困境与消弭路径》、王健的《产教融合：培养高素质应用型人才的必由之路》、薛勇的《产教深度融合：高校人才培养模式的制度生成》、金方增的《地方高校产教融合育人模式探析》、杨欣斌的《职业本科教育人才培养模式的思考与探索》等。

（一）产教融合协同育人模式的内涵

对于产教融合协同育人模式的内涵解读，仁者见仁、智者见智。但是，相关研究学者普遍认为校企合作、产教融合是职业教育改革发展的必由之路，产教融合协同育人模式在找准高职教育人才培养目标、拓宽高职教育人才就业与创业途径、积淀高职院校教育教学

及办学特色等方面具有丰富的内涵。一方面，学者表达出产教融合人才培养模式内涵的丰富性。徐国庆（2007）提出市场经济体制是产教合作关系发展的推进器，产教融合是市场经济体制下职业院校的内在发展诉求。王林（2008）提出职业教育产教融合人才培养模式发展是职业教育产教融合深度发展的表现形式，也是产教融合内涵拓展的具体表现。陈年友等（2014）认为产教融合人才培养模式是高校为提高学生培养质量、与企业开展深度协作的行为方式。孔宝根（2015）认为人才培养过程中实现了生产与教学的融合，是以育人方式与育人内容等多方面的融合来对接产教融合人才培养模式的形成。另一方面，学者表达出产教融合人才培养模式内涵的创新性。左家奇（2010）指出校企合作、产教融合是对传统办学模式的积极创新，也是在办学模式逻辑下发展教育教学模式的创新，这是任何一所高职院校不能否认的。潘海生等（2013）认为通过职业院校校企合作提升高素质技术技能人才培养质量成为新时期经济转型发展的关键，创新职业教育办学模式与教学模式是高职教育发展的重点与核心工作。高晓辉（2013）认为高职产教融合人才培养模式在职业教育国际化合作方面具有发展空间，有利于解决我国技术技能人才欠缺的现状，同时有利于校企等多方资源的协同整合与有机调配下人才培养质量的提升。同时，也可以看到两个较为明显的问题。第一，与产教融合相关的办学模式与教育教学模式的区别。首先，前者是宏观层面的概念，后者为中观、微观层面的内容，两者之间也存在包含关系，即教育教学模式包含在办学模式之中。其次，教育教学模式和办学模式总体上来说是一脉相承的继承与发展关系，在整体产教融合发展理念下提出办学模式，进而根据具体专业建设与发展规划形成专业性的教育教学模式。但是，两者之间的有效统合还有待进一步发展。第二，校企合作与产教融合的区别。显然，前者是多主体之间的合作关系的表现形式，产教融合更多的是合作关系下培养技术技能人才的一种模式。现阶段也有学者认为校企合作是"表"，产教融合是"里"。因此，在产教融合人才培养模式的内涵解读方面还有进一步研究的空间。

（二）产教融合协同育人模式的类型

模式是指事物的标准样式，用来说明事物结构的主观理性形式。职业教育领域相关研究具有多学科、跨领域、多维度的开放异质性，从现实发展方面来看，产教融合协同育人模式种类较多，人才培养模式划分的类型、方式也比较多，除了工学结合人才培养模式、订单式人才培养模式等传统的校企合作模式外，还存在"1+X"证书人才培养模式、职教集团人才培养模式等新型培养模式。胡常胜（2006）依据产教融合中校企合作的依存度，将校企合作、产教融合协同育人培养模式划分为校企联合协同育人模式、校企实体合作协同育人模式等。余祖光（2009）根据产教融合过程中时空、组织等要素的组合方式，将人才培养模式划分为学年分段、阶段分段、订单培养、半工半读、教学工厂、弹性安排、行业主导、厂内基地、职教集团等九种培养模式。王海峰等（2016）针对工学交替这一经典人才培养模式进行研究，认为工学交替人才培养模式基于校企合作产教融合的关系网络，作为理论与实践相结合的一种人才培养模式，在促进学生在企业与学校的交替学习并掌握全面的知识技能方面有较大作用。夏瑶英（2018）认为中高职衔接的人才培养模式中的"3+2"人才培养模式，整合了职业教育资源、优化了职业教育制度，实现了人才培养目标的统一制订、人才培养与服务社会的无缝对接。陈慧（2021）认为订单式人才培养模式面向企业一线所需，符合企业所需高素质技术技能人才的实际标准。该人才培养模式精准对位，能满足企业对人才的诉求，降低企业人力资源培养的成本，同时在与企业进行紧密合作的过程中，完成了职业院校人才培养与输送的发展使命。戴岭等（2021）提出高职产教融合在"1+X"证书制度背景下的人才培养模式探索，主要从与企业共建"1+X"证书实践指导体系、健全"1+X"证书配套体系与完善"1+X"证书人才评价体系等方面分析高职产教融合人才培养资源配套、指导实践、评价管理等层面的欠缺与不足。然而，上述产教融合人才培养模式的类型也存在两个方面的不足。第一，在产教融合人才培养模式的合作密度上，如订单式人才培养模式、"3+2"人才培养模式显然具有短期性特征，一旦与企业的短期合作任务完成，该人才培养模式随着合作关系的中止而结束，即使有些人才培养模式可以及时跟进企业需求实现定制转型，但这样有指向性的人才培养模式显然具有局限性，也不具备广泛的推广性。第二，从产教融合人才培养模式的创新性来看，当前不乏新型模式的创新实践和经验总结阐述，然而无论是多元主体的参与程度还是产教协同的推进程度等，大多看到的是高职院校的热火朝天，较少有行业企业的热忱参与，其他主体的参与更少，这也进一步造成当前协同推进产教融合不力的局面。

（三）产教融合协同育人模式的影响因素

研究影响因素也即研究影响产教融合协同育人模式成效的相关变量，探讨相关变量之间的相互关系。当前对产教融合人才培养模式的影响主要来自政府、行业企业、高职院校等相关主体层面。霍丽娟等（2009）根据对河北省近百家公司的调查，发现影响产教融合协同育人模式的外部因素包含当地政府的相关政策引导及其保障机制的完备程度。王斌等（2012）认为高职院校本身存在诸如职业实训条件无法保证与企业要求衔接、职业师资条件无法与社会需要共同提升、职业专业结构无法与企业进一步吻合等问题，影响了企业实际利益，进而影响了产教融合人才培养模式的推进。祝成林等（2015）认为产教融合人才培养机制不健全，与产教融合相关的企业主体地位不明确。作为产教融合主体的高职院校，其服务社会能力还不足以支撑产教融合人才培养模式的实践。华婷（2017）认为政府推进力度和持续性不足，企业投入精力与愿望不足，高职院校存在认知、技术等不足是产教融合人才培养模式受到掣肘的主要原因。郝天聪等（2019）提出企业与具有公益属性的高职院校开展人才培养的组织确定性不同，企业需要在市场经济环境下考虑其投入行为的理性，而这些都将影响产教融合人才培养模式的实际效应。总体而言，对于产教融合人才培养模式的影响因素分析已经陷入所谓的"三元"关系中，也即仅仅从政府、行业企业、高职院校三元主体的框架中开展研究分析，使得人才培养模式的构建与实施无法"跳出职业教育看职业教育"。寻求产教融合人才培养模式的影响因素，一方面可以从政府、行业企业、高职院校所具有的条件出发；另一方面，可以从产教融合协同育人的本质上挖掘其有待形成的有效合理的引导发展机制等。

（四）产教融合协同育人模式的问题对策研究

当前产教融合协同育人模式的问题对策研究基本遵循问题导向，沿着实践问题的提出、问题的分析、问题的解决发展逻辑进行。吴建设（2005）研究指出，发展动能、组织保障、经费投入等多方面构建了校企双方产教融合发展长效机制建设的发展维度。梁艳清等（2011）开展实证研究并形成校企合作产教融合满意度水平方面的成果，认为行政协调举措、总体课程规划、实践体系与实践规划、实习企业选择与实践、课程设计与教学、实习实践成绩评估等六大方面对职业院校的学生参与产教融合满意度影响较大，从这些维度出发改进完善是其举措。王振洪等（2012）认为要基于利益观念，从积极导向出发开展激励行为并加以驱动，同时要协调好相关利益诉求并保护好合法合理的利益，通过这些方面的合力共建产教融合合作利益机制，促进产教融合人才培养模式的改进。赵蒙成（2016）提出构建校企合作产教融合的信息共享平台，加强产教融合主体间的沟通协调机制，深化产教融合考核机制等，进一步提升产教融合的实际成效。陈志杰（2018）认为政府持续优化相关政策，进一步完善制度建设，是产教融合人才培养模式相关问题解决的先决条件。吴一鸣（2018）认为需要转变政府职能，加强政府在产教融合人才培养过程中的引导作用，同时需要进一步创新高职院校组织形态并创新院校治理模式以适应产教融合人才培养。综上所述，产教融合人才培养模式的问题对策研究已有较多思考与研究成果。一方面，从宏观层面提出关于法律法规、监控机制、财政投入等方面的产教融合协同育人体制机制强化举措；另一方面，从微观层面，如企业视角或学校视角,论述保障校企合作产教融合协同育人的增值发展,提出提高行业企业参与产教融合积极性的发展建议。

二、国外产教融合协同育人模式的研究现状

产教融合起源于我国,在国外没有产教融合这一说法。而与产教融合相关的校企合作则发端于国外。同时,由于国外推进校企合作的相关研究较为及时,相关研究较为充分,特别是对于校企合作协同育人模式的内涵与类别划分、模式的发展影响因素及模式的相关问题对策方面的研究成果颇丰。Heinz G. L glass 于 1985 年在其著作 *Vocational Pedagogy and Labor Pedagogy* 中系统地介绍了德国著名的双元制职业教育的多个方面,主要包括双元制教育的发展历史与聚焦特点、课程设置与师资配备、法律法规支持等,为研究国外校企合作人才培养模式的内涵提供了借鉴。众所周知,国外校企合作最早产生于 19 世纪末的德国双元制,是校企合作的开端,于 20 世纪中叶开始在欧美等发达国家盛行,逐步发展为美国的 CEB 合作教育模式、英国的三明治模式、澳大利亚的 TAFF(Technical and Further Education)模式、日本的产学合作模式、瑞士的三元制模式等校企合作形式,作为具有代表性的模式被诸多学者研究与效仿。这些模式的校企合作并不都像德国双元制模式那样,主要以学校和企业共同发展为主,还有以澳大利亚的 TAFF 模式为代表的侧重于产业的发展模式,也有以美国的合作教育模式为典型的侧重于高校引领发展的模式。在校企合作人才培养模式的影响因素方面也有不少论述,其中德国双元制作为较为成功的模式,引发了不少研究。早在 1987 年,英国学者 Freeman Christopher 就在其作品 *Technology Policy and Economic Performance:Lessons from Japan* 中提出校企合作作为国家顶层规划设计,对于促进国家经济社会全局化发展具有极为重要的作用与意义,也即在国家的经济社会发展处于跨越式阶段时,过去单纯依靠市场经济的自由发展以及校企合作的主动行为已经不足以支撑其发展。它需要政府出台政策加以干预与调控,

在制度和组织上首先得到保障,以推进国家层面战略的实施与落地。Catherine sillon 在其著作 *How Institutions Evolved —— Skills Political Economics in Germany, Britain, the United States and Japan* 中指出,德国的企业雇主等与市场接轨并直接决定是否吸纳毕业生,是判定职业教育人才培养质量情况的行为主体。相应地,面向德国双元制模式的发展情况,德国成本与财政研究专家委员会曾于20世纪70年代开展实地研究,发现接收毕业生成为学徒具有多方面的优点:其一,接收学徒能有效降低人力成本。其二,接收学徒,快速补充人力配备,可以大大解决订单制作等由于人力不足所导致的问题。Grollmann 等(1998)通过近30个案例的研究表明,企业可以在保证培训投入不增的前提下,同步提升企业培训的质量,这一研究发现触发了企业方加强人才培养与生产研发的探索。同时,就德国双元制模式在解决诸如就业适龄人的失业、劳动力人口结构的改变、培训专业发展与更新缓慢、"普职教育"的资源竞争等适应性问题方面,提出企业和职业院校应紧密围绕双方合作共识与发展目标,开展深度校企合作及宽口径的交流合作,进一步提高职业教育培训质量。

第四节　研究思路与主要研究内容

一、研究思路

研究思路是针对具体研究内容而言的,主要是由研究人员在选定的理论框架指导下,从某一个角度切入所开展的相关研究的路径、步骤、方法等综合思维设定。可以看到,在面向现实问题的研究中,同样一个问题的分析视角可以是多样的,理论框架的选择也是多样的,因而所产生的研究思路大不相同,这也为好的研究成果的形成开了好头。在高职产教融合人才培养模式面临经济社会发展、国家战略发展、新时代人才培养模式发展等现实时,迫切需要升级现阶段的产教融合人才培养模式。本研究提出多维邻近性视角下高职产教融合协同育人共同体模式这一研究主题，积极回应了这一发展需求。本研究遵循理论分析与实证研究相结合的研究思路，以多维邻近性理论、产教融合人才培养相关理论为基础，从梳理高职产教融合协同育人共同体模式的由来与发展入手，描述高职产教融合协同育人共同体模式中的多维邻近性表征，揭示高职产教融合人才培养与多维邻近性两者之间的内在机理，并开展案例释意、讨论与分析；结合产教融合协同育人发展的实践，开展高职产教融合协同育人共同体模式中的多维邻近性现状分析，分析模式中存在的问题与原因，基于政府、行业企业、高职院校等建设主体，从价值、机制、制度等多层面提出韧性发展的对策建议。

二、研究内容

（一）多维邻近性视角下高职产教融合协同育人共同体模式相关理论梳理

以高职技术技能人才培养为目标的高职产教融合协同育人共同体模式研究，需要梳理用于指导其发展的新理论、新思路。多维邻近性相关理论是高职产教融合协同育人共同体模式研究的新理论，也是较为适合的研究多元主体合作的切入口理论。多维邻近性这一概念由邻近性演化而来，而邻近性的概念最早出自 Marshall 所提出的集群经济概念，原先邻近性的概念仅仅针对地理邻近性，其主要描述集群中经济主体的空间区位所处的关系。1999 年，Cambridge Journal of Economics 上开始发表关于邻近性与知识创新发展联系的论文，现今邻近性已经成为经济学、地理学等多学科关注的焦点，用于探索邻近性关系下创新发展的相关研究。随着学者对于邻近性内涵的拓展延伸，当前邻近性已由单纯的表征空间概念的地理邻近性扩展至包含认知邻近性、组织邻近性、制度邻近性、社会邻近性、技术邻近性等相互作用、相互影响的多维邻近性。

（二）多维邻近性视角下高职产教融合协同育人共同体模式韧性发展的创新设计

由于多维邻近性具有多重属性，同时历史上已经研究并形成了不同类别的属性划分方式，将该理论应用到高职教育这一崭新的领域，需要根据其特点重新梳理并划分在高职产教融合协同育人模式方面的属性类别，以便于从理论延伸到实践，提出相应的发展建议。汇总并梳理相关文献，分析产教融合人才培养构成要素、创新机制以及创新发展的演化过程，同时依据地理、社会、组织、认知等多维邻近性对高职产教融合协同育人共同体模式的影响，重新界定高职产教融合协同育人共同体模式中多维邻近性的内涵与维度，选取相应的内容描述邻近性，如使用空间区位邻近的校地合作等描述产教融合协同育人共同体模式中的地理邻近性，使用制度、文化等相近的校企合作等描述产教融合协同育人共同体模式中的社会邻近性等，构建并研究包括实践要求、功能目标、组织实施、运行机制等在内的创新人才培养模式的多维邻近性理论模型与创新实践。

（三）多维邻近性视角下高职产教融合协同育人共同体模式韧性发展问题与纾解案例

摆脱单一维度分析高职产教融合协同育人发展的缺陷，采用多维邻近性理论，将产教融合协同育人共同体模式作为一个整体，审视高职技术技能人才培养与发展的新框架。分别从高职产教融合协同育人共同体模式的创新实践、问题与原因等方面，开展高职产教融合协同育人共同体模式中多维邻近性的现状分析。高职产教融合协同育人共同体模式由政府、行业企业、高职院校等多维合作主体集中研究、集中培育。在人才培养过程中，各相关主体提供培养政策、平台、载体等，促进知识创新发展与实践转化应用。在校企合作、校地合作、校产合作等方面，对国内高职院校产教融合协同育人共同体模式中多维邻近性作用等现状进行分析，从理论与实践相结合的视角深入剖析产教融合人才培养中知识创新发展与产教融合人才培养模式更新等相互影响机制，促进高职产教融合协同育人共同体模式的韧性发展。

（四）多维邻近性视角下高职产教融合协同育人共同体模式韧性发展的对策分析

多维邻近主体之间的邻近性使其在组织架构、技术创新、文化传播等方面具有相似性，有利于开展知识创新发展与实践转化应用，进而影响人才培养的创新发展。因此，多维邻近性与高职产教融合协同育人共同体模式之间具有相关性。基于多维邻近性理论分析高职产教融合协同育人共同体模式，涉及宏观、中观、微观上的发展问题。对比国内产教融合人才培养模式的案例，借鉴国外成功的样本经验，以对策建议的形式解决现阶段高职产教融合人才培养模式问题，推进高职产教融合协同育人共同体模式韧性发展，在一定程度上可以弥补产教融合协同育人模式研究中微观分析的缺失，同时也可以丰富多维邻近性理论的相关实证分析研究。

第五节 研究视角与研究方法

一、研究视角

本研究以多维邻近性理论为主要视角，同时以产教融合相关理论为辅助视角，构建相应的分析框架，对本主题进行深度探索研究。

在研究的认识路径方面，本研究遵循由浅入深、由表及里的基本认识逻辑，从理解问题到分析问题再到解决问题，每一个阶段都根据问题的发展逻辑逐层推进、合理拓展，在综合的基础上整体把握和深入分析问题，由此提出解决问题的方法。

在技术路线的建立层面，遵循问题导向与实践导向的原则。本研究建立在求解"多维邻近性视角下高职产教融合协同育人共同体模式韧性发展研究"问题的基点上，以高职产教融合协同育人为研究主干，依照一般与个别研究相结合以及从静态到动态的逻辑研究，以高职产教融合协同育人共同体模式的现实发展状况为切入点，以实地调查、专业教学实践等的结论作为多维邻近性理论框架下理论与实际相结合的研究依据，力图透彻分析对高职产教融合协同育人共同体模式产生相关影响的各方面关键要素，并客观地展现其模式内部的逻辑关系，理性而前瞻性地探寻这一问题的发展趋势，从而为高职产教融合人才培养模式提供切实的理论指导。

二、研究方法

（一）文献分析法

在具体的研究实施过程中，本研究需要收集大量与之相关的国内外文献资料，其中包括高职院校产教融合协同育人方面的政策性文件、官方统计数据、会议纪要等。显然，文献资料与相关数据的收集归纳，对于寻找其中具有研究价值的资料是极为重要的。坦率地说，高职产教融合协同育人模式的问题既有高职院校自身的理性期望和诉求，也有全社会的期盼和要求。利用文献研究这一研究方法，不仅要站在前人的研究基础上更上一层楼，还要避免被二手文献过度迷惑的事件发生，同时还要基于高职产教融合协同育人共同体模式的原点去检视相关问题。

（二）调查研究法

本研究在推进过程中，为了尽可能全面地掌握高职院校产教融合协同育人状况，采取了大量的问卷调查或电话访谈、会议交流等方式。根据研究需要，向相关人员发放问卷，收回的问卷占比显示为有效问卷调研。大样本调查与访问，使研究在信度与效度方面得到了基本的保障。

（三）案例研究法

众所周知，案例研究法是针对选定研究对象所开展的描述性跟踪分析，其得出的研究结果具有一定的典型性。本研究所开展的是探究高职院校产教融合协同育人共同体模式与机制的相关研究，其中涉及相关案例，需要采用案例研究法。可以说，本研究中案例研究法是必备的研究方法。需要说明的是，由于产教融合协同育人共同体模式是贴近人才培养一线的实际工作，本研究特别选择了浙江商业职业技术学院、浙江广播电视大学等人才培养情况作为案例，结合其真实建设情况进行具体研究。

（四）历史研究法

任何事物的发展都有一个过程，要全面且客观地了解现在，就要充分了解其过去。基于此，本研究必须把这一议题放在历史的维度中加以审视与分析。由此，历史研究法也是本研究的主要研究方法。

第二章

高职产教融合协同育人共同体模式的由来与发展

第一节 高职产教融合协同育人共同体模式的发展背景

一、经济社会发展催生了高职产教融合协同育人共同体模式

从宏观层面看，产教融合天生与经济社会发展相关。从字面上分析，产教融合中的"产"指的是与社会经济发展相关的产业行业，"教"则指文化教育，这里特指高等职业教育。从科学研究的角度来看，学者关心产教融合在经济生产等产业方面的实际进展，具体的产教融合的研究则可上溯到1995年，江苏无锡市技工学校在《职业技能培训教学》（现更名为《职业》）上发表论文《加强系统化管理不断提高生产实习教学质量》，首次提出了产教融合。该校在探索提高学生学习质量的过程中，提出产教融合化，即以"融合"为手段，构建"产"与"教"之间的强联系，并竭尽所能在"融合"过程中注入"产"——关注产品质量观念、产品成果产出效率与时间观念，多方协同开展多种类型的实习实训，推动产教融合的环境浸润，以全方位提升学生的职业能力。此处产教融合的"产"仅指商品，"教"仅指生产实践课堂教学，概念和含义相对比较狭窄，与现阶段提出的产教融合概念存在一定的区别。自从这一概念被明

确提出后，很长一段时间并没有再用。一直到2007年，《中国职业技术教育》《中国社会保障报》对紫琅职业技术学院、青岛技师学院等学校开展宣传时，用了"产教融合"这一概念，但没有表明其含义。自此以后，越来越多的科研人员开始关心、探索产教融合，研究成果逐渐丰富起来。

经济社会发展需要依托职业教育领域的产教融合发展。教育部2021年全国教育事业统计数据表明，2021年全国共有高等学校3012所，其中本科层次职业学校32所，高职（专科）学校1486所，全国普通本科及专科、职业本科及专科共招生1001.32万人，其中职业本科招生4.14万人，高职（专科）招生552.58万人。全国普通、职业本科本专科共有在校生3496.13万人，其中职业本科在校生12.96万人，高职（专科）在校生1590.10万人。可以看到，高职院校无论是院校数量还是学生数量都称得上占据了中国高等教育的半壁江山，高职教育的快速发展直接为高等教育的发展提速增值。根据教育年鉴数据提供的中国大学毛入学率情况统计，我国1949年毛入学率为0.26%，2005年毛入学率升为21%，2021年直接升到高达57.8%，这惊人发展速度的背后是，我国高职院校发展所经历的近40年的人才培养实践探索，实现了从规模扩张到内涵建设直至创新发展的跨越式发展。产教融合这一发展建议，自2011年在教育部发布的农村职业教育发展的文件中出现后，得到了教育部、科学技术部、财政部、人力资源和社会保障部等九部门的联合支持与推动，指出要大力推进面向农业、农村、农民的"三农"职业教育，其目的为以职业教育推动县域经济社会发展，服务社会主义新农村建设。此外，基于县域经济社会发展的本土化要求，依托农村职业教育的深化发展,进一步带动农村职业教育的办学模式与教学方式的升级，进一步强化政府、行业企业、社会等多元主体办学的模式发展，是符合县域经济社会发展的教学生产一体化的发展模式。2013年，党的十八届三中全会公布《中共中央关于全面深化改革若干重大问题的决定》，指出要将当代职业教育体系搭建放到核心地位，加速推进其发展建设，进一步推进产教融合、校企合作等战略协作，以培养高质量技术技能人才、适应经济社会发展需求。产教融合进入政府层面的文件，标志着我国职业教育发展走向了一个新的发展阶段，不仅带来产教融合、校企合作等战略性合作发展，还将以产教融合等合作发展为驱动力，带动现代职业教育体系的发展。可以看到，政府统筹规划，下好产教融合一盘棋，将教育链、产业链、人才链、创新链四链融会贯通，积极打造互通互融的产教融合共同体已见端倪。

区域经济社会发展的实际需求驱动了高职产教融合共同体模式的发展进程。产教融合人才培养作为上层建筑，一定受到经济社会基础的影响。一方面，经济社会发展直接影响了产教融合人才的就业创业等实际问题；另一方面，经济社会发展将与产业结构调整关联并直接作用于产教融合人才培养需求等方面。2019年以来，我国面对愈加严峻复杂的国际国内环境，世界经济复苏变慢，我国则保持了令人赞叹的稳定的经济增长。国家统计局数据显示，2021年我国国内生产总值（GDP）达114.367万亿元，比上年增长8.1%。新阶段的社会经济发展要调整与更新产业布局，对高职院校技术技能人才培养的多样化多层次与实用性提出了新要求。第一，高职产教融合人才需求的多样化是技术结构变化的要求。一方面，技术结构能够代表产业结构变化的水平；另一方面，产业结构能够对技术结构的形态起到决定性作用。产业结构本质上与技术结构、人才需求具有相互映射的关系，一方面的变动将会引起另外几方面的变化。人才结构的变化表现在以往单一化的主要面向部分精英培养出来的人才，已经不能在越来越多样化、精专化的社会经济发展中产生积极作用。人才需求的多样化主要表现在类型和规格层面，这是由于在产业结构的不断升级以及社会分工专业化程度不断提高的过程中，新的不同类型的专业技术性岗位不断产生和更新，应用型和技术技能型人才的需求不断加大。例如，智能开发师、注册城市规划师等新型职业对人才的需求加大，带动了职业教育相关人才的培养。可见，多种技术岗位的产生对人才需求的类型和规格提出了多样化的需求。产业结构的升级及调整改变了人才需求的层次，对更多层次的技术技能型人才产生了需求。同时，由区域经济发展拉动了对于高职人才的需求，在一定程度上催生了产教融合共同体模式的发展。

二、产业发展核心技术的进步滋生了高职产教融合协同育人共同体模式

产业发展核心技术与国家战略推动息息相关。在国家战略层面，一方面，新时期产教融合发展战略需要具有技术背景的高职技术技能人才培养作为支撑，因此需要制订职业教育领域优秀人才培养计划。党和国家领导人高度重视职业教育产教融合发展战略，对人才培养提出了新要求。习近平总书记对职业教育的发展寄予殷切期望，他在党的十九大报告中明确提出要深化产教融合、校企合作，要进一步健全我国职业教育和企业培训体系。党的二十大报告中提出要推进职普融通、产教融合、科教融汇，优化职业教育类型定位。除此之外，不少文件也指出要推进产教融合、校企合作。表2.1为相关政策文件及其所阐述的产教融合、校企合作相关内容。

表2.1 与产教融合、校企合作相关的政策文件内容

文件名	相关内容
《中华人民共和国国民经济和社会发展第十四个五年规划和2035年远景目标纲要》	提出要创新办学模式，深化产教融合、校企合作
《国务院办公厅关于深化产教融合的若干意见》	强调要深入贯彻党的十九大精神，始终坚持习近平新时代中国特色社会主义观念为引领，推进高等职业教育、高等职业教育等改革创新，推动人才的培养供给侧结构和产业需求侧结构要素多方位结合，塑造大量高质量创新型人才和应用型人才，加快构建中国实体经济、自主创新、现代金融、人力资源管理协同发展的产业管理体系

续表

文件名	相关内容
《浙江省深化产教融合推进职业教育高质量发展实施方案》	提出构建以产教融合、能力水平、学生就业质量、服务项目奉献等为关键指标，政府部门、领域、公司、院校等多方共同努力的高等职业教育多元化质量评价制度

可以看到，浙江省产教融合发展实施意见，一方面对高等职业院校产教融合发展的绩效评价起到了指导作用，另一方面对创新产教融合发展模式提出了新时代人才发展的要求，也即从人才培养模式的创新角度出发，塑造大量合乎新时代发展要求的高素质技术技能人才。可以看到，主要发达国家纷纷提出影响世界产业格局的发展战略，如德国的"工业4.0战略"、英国的"工业2050战略"、美国的"先进制造业国家"、日本的"再兴战略"、法国的"新工业法国战略"、澳大利亚的"实现可持续的制造业战略"等。这些战略的提出不仅影响了社会经济、政治文化等相关变革，对职业教育的影响也前所未有。国家提出"中国制造2025"等发展战略，盘活国家产业发展，通过对外开放，大力引进国外先进技术与大力培育国内知识产权，逐渐形成了与产业接轨、技术先导的发展机制，为技术技能创新与人才培养模式改革提供了契机。

在产业发展过程中，技术和人才是两支相互补充的重要原动力。一方面，产业发展相关技术推动着高职产教融合共同体模式逐渐走向强发展。《中华人民共和国国民经济和社会发展第十四个五年规划和2035年远景目标纲要》中提出要推进产业基础高级化、产业链现代化，保持制造业比重基本稳定，增强制造业竞争优势，同时对发展壮大高端装备、新能源汽车等战略性新兴产业提出要求，与之相关的信息技术产业领域（网络设备、光输入设备、接入网络系统设备、计算机与外部设备、软件及应用系统）等技术，先进制造产业领域（精密高效和成形设备、机器人、汽车关键零部件、快速制造技术及设备）等技术对于高职教育人才需求旺盛。这些都会促进产业集群与产业发展共同体的形成，同时推动高职产教融合人才集中化、有针对性地向着高职产教融合共同体模式方向发展。另一方面，人才成为技术发展的重要推动力量。对于人才培养的渴求，表现在对产教融合共同体模式等人才培养模式的优化升级上。一般来说，各产业的就业人数变化趋势与其产值变化趋势应该是一致的。随着经济社会的发展，原本就业于第一产业的相关人数在不间断地发生流动并持续减少，逐渐从第一产业向第二产业转移；当经济进一步增长时，就业人数逐渐从第一产业、第二产业向第三产业转移。国家统计局关于第四次全国经济普查报告显示，我国第三产业市场主体数量大幅增长，从业人员大量增加，经营规模显著扩大。从四次普查结果看，2004—2008年第三产业法人单位年均增长速度为6.7%，2008—2013年年均增长速度为10.3%。近年来，大众创业、万众创新激发了市场活力，2013—2018年第三产业法人单位数量加快增长，年均增速达到16.2%。在第三产业比重持续稳定上升的同时，我国目前仍存在就业结构与产业结构匹配度不高的问题，仍有一定比例的劳动力滞留在第一产业中，而且随着第三产业比重增加，人才与产业匹配的问题会越来越明显。而第三产业包含信息传输、软件和信息技术服务业、交通运输、金融业、科学研究和技术服务业等相关行业类别，也说明人才聚集专业领域的推进还需要加快。我国高职教育需要及时调整人才培养模式，培养不同层次、不同类别和不同数量的具有专业指向性的毕业生，更好地满足就业需求，从而使之与产业结构的演进方向一致。产教融合共同体模式的出现，满足了当前技术进步的需求。

三、产教融合发展思想萌发了高职产教融合协同育人共同体模式

产教融合协同育人共同体发展需要多元主体协同参与共建，以马克思共同体思想为重要指引，引导高职产教融合协同育人共同体模式的建设。马克思认为，公共体由虚幻的共同体和实际存有的共

同体两部分构成。从论证的角度来看，马克思认为共同体的自然价值旨在实现人的全面发展。在资本主义社会，资产阶级是为了自身利益，但在表现形式上突出公众的利益至上，此类不顾公众利益的举动是一种非实际存有的共同体，即虚幻的共同体。可以看到，这个共同体中的公众是受到资产阶级钳制的，其本身的利益实现的难度大，实现的可能性较小。此外，因为个人的发展受限制，并不能与共同体建立相对密切的联系，个人利益及共同体的成员利益在分配过程中往往存在难以调和的矛盾与冲突，所谓的共同体时刻处于分离的边界。马克思也阐释人的本性其实是向往回归共同体状态，可以说人就是一个小微型的共同体雏形。可见，马克思的共同体思想不仅说明个人与共同体之间的相互关系，还提出人的本性追求。马克思还提出人在共同体的环境中发展的重要性，认为人在共同体环境中能够获得锻炼，充分发展其能力、展现其水平。总之，马克思的共同体思想重视个人全面发展，还重视维护公众的利益与价值。

马克思所述的共同体思想具有深刻的含义，为构建高职产教融合协同育人共同体模式提供了理论支持与思想指引。首先，在以人为本的思想层面，马克思的共同体思想为高职产教融合协同育人共同体模式的构建提供了价值指引。马克思的相关思想认为应该把人的全方位发展作为总的价值目标，并发挥其在社会经济发展中的重要指引作用。随着职业教育的不断发展，职业教育的最终目标终将实现，也即实现人的不断完善、满足实际需要，进而实现社会的发展需求。在理论上，合规律性和合目的性的高职产教融合应当是社会性和个体性的有机统一。此外，高职产教融合协同育人共同体中的多元主体所追寻的价值与利益不同，往往会在现实世界产生价值与利益层面的分歧，甚至催生共同体中个体的自我剥离或被迫退出行为，这在本质上干扰了人的生存与发展需求。

中国共产党的领导人的教育思想，也为高职产教融合共同体模式的建设提供了方法论指导。毛泽东提出的全面教育思想主要是面向作为个体的人全面发展的理论。结合中国的具体发展实际，毛泽东还多次阐述了全面教育思想。毛泽东于1957年指出，教育方针要重视面向人的德智体多方面的全面发展。1958年，他又提出教育要和生产劳动融合起来，使得受教育者成为为社会主义事业奋斗的劳动者。由于解放与发展生产力是社会主义社会的根本任务，毛泽东关于教育要和生产劳动融合的思想，一方面助推生产性劳动等为社会服务；另一方面教育事业要培养符合现代社会发展所需的劳动者，推动社会主义教育事业不断发展。

邓小平在教育方面提出了"三个面向"的重要论断，也就是教育要面向现代化、面向世界、面向未来。教育面向现代化就是要求教育要着眼现代化发展，教育必须服务于我国社会主义现代化建设，以培养现代化发展所需人才为己任。注重社会主义精神文明建设，积极发展科技文明。认真主动学习与引进国外先进技术以积极发展国内技术与技能，以应对全球新技术发展方面的机遇与挑战。应努力培养青年人的理想、道德、知识、体力，坚持社会主义方向。教育面向世界就是要求教育要着眼全球化发展，教育发展研究不仅要面向中国，还要放宽视野，关注世界的教育发展。从本质上来看，教育层面要实施对外交流合作的相关政策，加强教育本身的协同合作与发展，推进中国在开放合作交流层面的发展。现代教育只有通过培养一大批具有国际化视野、能开展国际化竞争，同时充满爱国主义精神的高素质技术技能人才，才能为国家的发展储备充足的接班人，我们国家才有希望和信心继续向前发展。教育面向未来就是要求教育要着眼未来发展，以未来发展的眼光推进教育发展研究。仅仅着眼于教育现代化与国际化发展，看得不够远，会有发展的瓶颈出现，因而要从未来发展的眼光把握人才持续发展的质量要求，积极改善当今的教育发展水平，开发面向未来的新专业新课程新标准，做到产业、行业、专业、职业等多个层面的持续联系、衔接升级，不断适应社会发展。

江泽民重视教育和生产劳动之间的结合关系，在《中国教育改革与发展纲要》中明确指出这一极为重要的社会主义社会教育政策。关起门来一心只读圣贤书的结果就是受教者与社会隔离，对社会、生产、劳动等缺乏必要的认识，在联系社会的情感方面缺乏，也即只读书而不参与劳动生产，将不利于社会主义教育的发展。

习近平总书记基于人民的立场提出人类命运共同体论断。人类命运共同体，顾名思义就是每个民族、每个国家的前途命运都紧紧联系起来，荣辱与共，努力把人类大家庭对于美好生活的向往变为现实。在党的二十大上，习近平总书记回望了中国为推动构建人类命运共同体所作出的奉献：中国坚持不懈对外开放的国策、坚持不懈推进真正意义上的多边主义、推动开放型全球经济的建设、推动全球治理向着更为公平有效方向发展等。构建人类命运共同体，需要坚持对话协商，建设持久和平的世界；需要坚持共建共享，建设一个和谐的世界；需要坚持合作共赢，建设一个繁荣的世界；需要坚持交流互鉴，建设一个开放包容的世界；需要坚持绿色低碳，建设一个美丽绿色的世界。习近平关于人类命运共同体的重要论述以多元主体发展共同进取的模式，为产教融合协同育人共同体模式的构建与发展提供了理论层面的支撑，也回应了教育发展的新时代需求。

四、新时代职业教育发展催化了高职产教融合协同育人共同体模式

我国高职产教融合人才培养历经多年的发展已形成多种形式、成效显著的模式。这些人才培养模式为高职产教融合共同体模式的建设发展奠定了良好的基础。高职订单式人才培养模式，其核心是基于企业的自身发展需求，把企业的人才需求作为双方教育合作的出发点。基于此，校企双方通过合作协议，绑定双方的合作共建关系。其关系的维系主要通过人才培养计划制订、教学队伍建设等来实现，而且还要共同开展相应的教学培训等工作。协同培养的合格人才可以留企就业。该模式的优势在于架构了产业与企业之间的联系，一方面满足了企业人才发展的需求，另一方面还契合了区域产业结构的发展，同时可以缓解学校和学生的就业压力。订单式人才培养模式牵涉的相关主体，本身在业务交流合作之前具有较好的信

任感，签订相关合作协议的过程较为顺畅，同时学生也能实实在在地接受企业真刀真枪式的实习实训。工学结合人才培养模式是指基于校企共同制订的人才培养计划，学生在学校和企业两个教学实践环节中开展轮训式的学习。工学结合人才培养模式的优点在于时刻保证与就业市场接轨，至少保证学校教授的知识技能在就业市场上能立马验证是否适用，具体教学场景凸显企业实习实训实践特色。分阶段轮训式专业教学实践活动，使学生在学习期间的某个时间段集中在企业开展实践。此模式还能使企业全过程参与人才培养，促进人才培养与企业要求的契合。此外，教学更加贴合学生认知发展规律和技能形成规律，提高学生职业能力。校中厂的人才培养模式主要是指校企双方以合同为约束，在学校的场景中开展引企入校的合作建设。具体来看，学校首先提供场景环境等基本保障，引入学校的企业会带来相关的仪器设备与技术指导员，在校内形成尽可能符合企业生产活动的劳动场景，开展职业人才培养。由于其中企业层面投入了仪器设备与人力资本，这为合作办学的学校层面减轻了教学成本的压力，为学生这一受教者带来直接受教于市场一线企业的机会，也为多元主体之间的沟通合作构建桥梁。此外，还利于推进双师教学团队的组建。从此模式的运作方式可以看到，校企双方的联动机会较多，联动层次较为深入，是具有主动性驱动生产实践的模式。因而在此过程中，作为教学团队的主体即教师，完整参与企业实际项目的生产、设计、制作等过程，对提升其知识技术技能及其实践教学水平有重要作用。"2+1"人才培养模式则是根据职业教育的三年制培养设计及职业院校学生深入一线实践的培养要求，将培养学制划分为两个阶段：第一个阶段即"2"，意为学生在校接受两年的培养；第二阶段即"1"，则表示学生赴企业进行顶岗实习等活动。其优势在于顶岗实习等阶段的沉浸式工作学习方式，对于校企双方是互利互惠的。对于企业来说，这种培养模式成本较低，能为企业培养符合其工作岗位所需的人才。对于学校来讲，近距离地接触企业一线，又能在保障学生安全的区域内积极培养学生的职业能力，是一种培养风险较小而培养成效颇高的操作方式。共享工厂的混合所有制人才培养模式则是指校企多方共建工厂，开展基于工厂实践共享与人才培养实践的教学活动，目前常州已有高职院校开展探索。该模式的优势在于能较为灵活地吸纳社会力量参与混合所有制办学，就目前的发展形势而言是一种较为先进的深入探索产教融合办学的模式，可以积极运用到职教集团等组织建设方面，但因其在资产重组与优化方面仍存有模糊地带，还有不少院校持观望态度。

上述这些与产教融合人才培养相关的模式在多样化的教学环境中进行了实践，其先行发展为高职产教融合共同体模式的建设提供了较好的前期经验。一方面，聚焦了人才培养的全方位全过程，校企协同开发课程和组织教学等保障学校人才培养目标与企业的人才标准相适应；另一方面，明确了高职产教融合共同体建设的关键要素在于双赢价值的追求，促进校企双方长效合作。此外，还为高职产教融合共同体模式的实践运行提供了参考样本。

事实上，高职院校已经以校企合作、校校合作、校地合作等多态化合作模式，在高职技术技能人才培养层面开展产教融合共同体模式的实践，实现了技术、资源以及人力等多方面的优势互补与融合，发挥了邻近区域中多元主体的能动性，推进了人才培养的深层次产教融合发展，科研服务与团队发展能力逐步提升。同时，借助邻近发展优势，将多元主体的创造力向社会衍生发展的做法已经得到教育界、产业界的日益重视。2021年，粤港澳大湾区高等教育大数据研究中心、《广州日报》数据和数字化研究院（GDI智库）发布《粤港澳、京津翼、长三角地区高等教育与经济发展报告》，指出在过去20年间三地区的高校数量明显增长，三大区域的高校建设成果整体上与经济发展水平匹配，同时人才培养质量、科研成果与学术影响力较其他非邻近发展的高校更为突出。高职院校开展区域邻近合作化发展的一个典型是江苏产业园区，产业园区入驻校企多单位，多所高职院校瞄准自身发展优势与战略，推进与邻近园区企业的产教深度融合发展。如江苏航空职业技术学院推进"一校一区一园一镇"战略，学校嵌入镇江航空航天产业园区，协调教育与产业资源，利用镇江市区域产业项目，开展产教融合人才培养。区域化园区属于地理邻近的范畴，实践过程中不仅带动多元主体的相互交流与协作，而且技术与认知方面的邻近发展还有利于高职院校人才培养的质量提升。一方面，高职院校发挥地理邻近的优势，与政府、行业企业等多元主体共同开创技术技能人才发展的良好局面；另一方面，高职院校发挥技术邻近和认知邻近的优势，为高职技术技能人才培养与多元主体合作促进知识创新、技术研发创新打开了良好局面。

第二节　高职产教融合协同育人共同体模式的历史沿革

一、我国高等职业教育产教融合协同育人共同体模式的萌芽阶段

我国职业教育产教融合协同育人与高职教育产教融合协同育人是同向同行的。我国高职产教融合协同育人共同体模式最初以校企合作的形态出现于近代。其中两个事件值得回顾。第一，鸦片战争爆发后，在深刻反省中明白落后就要挨打的道理。据文献记载，当时中国于1845至1860年间加紧军工方面的建设，建立船舶修理厂（或称修建厂）二十五家，当时政府先后还在南京、天津等多地建成有一定规模的军工厂，就是在积极推动中国近代军事工业的发展，谋求国家发展，同时也为发展近代职业教育奠定了基础。第二，左宗棠在1866年于福建福州创建了一所后来被称为近代中国职业教育的首创学校，也即求是堂艺局，后来该局改名为众所周知的福建船政学堂。所创建的学堂注重救援与船只建造技术以及驾驶相关的技术，在学校内部划分前学堂与后学堂，分别教授不同技术。学堂始终把教育教学质量放在核心位置，通过多种途径加强学堂的师资力量。其中一方面是增加外援教师。由于当时外国人在船只建造与

驾驶技术方面占优势，学堂聘请了法国、英国等技术人员作为该学堂的授课教师。此外，为加强学生的学习动力，学堂对学生实行了末位淘汰考核制。应该说，这是一项行之有效的创新举措。根据《福建船政局史稿》等史料记录，该学堂船舶和驾驶等两个核心专业的学生在毕业考核时，学生的技术均达到了培养预期目标，实现了早期产教融合的效果。培训考核后发现，船舶专业已有多名学生的技术达到技术工程师的水准，另一个安全驾驶技术专业则有一些学生已具备近海范围航行的水平，并且还有14名学生有长距离航行的能力。由此可见，福建船政学堂在职业教育前期的实业教育领域的探索已有成效。

从职业教育发展角度看，福建船政学堂的初期发展是与中国造船业的发展密切相关的，可以说是中国近现代学校产教融合协同育人的开端，也是中国职业教育产教融合校企合作发展的萌发阶段。福建船政学堂船舶制造与航行发展的需求，建厂开校的方式与当前"前厂后校"的模式较为接近，学生在学堂学理论知识，在船厂进行现场操作。学生每天与工人在同一工厂工作、学习，在这个过程中不断熟悉各种轮机和相关工具的操作细节，以便通晓机械设计相关原理，弄清楚各类机器要件的施工设计图与说明书，熟悉机器构造与制造生产流程的绘制设计方法，从而成为相关领域的技术技能人才。这种与实践结合度较高的教学模式与现代职业教育的产教融合、校企合作模式较为接近。与此同时，面向实用性、军事性的工业设计与制造在多个领域得到发展，尤其是在军事工业上的推进又进一步促进了职业院校的建成。在民用工业发展过程中，成立了一批实用性强的民用企业，而民用企业的发展急需一批懂技术、会操作的技术人员补充到相关岗位上。显然，传统的学徒制教育，形式单一，成效较慢，较难在时间上与民用工业的发展予以有效对接，学徒制教育已经在社会经济发展的传统人才培养方面显得捉襟见肘。针对这一现象，实业学堂、补习学堂等面向实业发展的机构迅速崛起，以补充职业教育层面的短板。因当时所补充的相关机构是在短期内创设的，所以大多数均以实业企业公司为母机构衍生形成。

1922年，我国职业教育体系的雏形初现，其标志性事件则是壬戌学制的颁布与实施，这是继清末"壬寅—癸卯学制"规定高等实业学堂和高等师范学堂这两种中国最早的高职院校后又一次重要举措，进一步推进了中国高职院校的发展。自中华民国到中华人民共和国成立之前的近40年时间，我国社会分工与职业分类并不合理科学，而世界其他国家的工业技术、文化、教育的传入，在一定程度上推进了我国城市化与经济化发展进程的步伐。特别是在与国际化接轨的沿海城市，社会劳动分工进一步细化，根据产业发展需求出现了新职业新工种，甚至还带来了新产业的发展信号，在此期间的职业教育产教融合、校企合作发展不断推进，开始出现具有行业、产业属性的职业学校。但因为当时大环境不安稳，创建职业学校的经费并不稳定，难以持续维持学校的日常办学开支，这些职业学校开始想办法自己创办工厂，以缓解办学的经费紧张问题，同时还可以为学校的实践活动提供实训场所。比如，知名的中华职业学校创建于1918年，它自建多个工厂用于保证学生实践教学活动。史料记载表明，民国政府出台的《职业学校与建设机关协作大纲》等相关文件，均用于指导职业学校开展教育与生产活动的协同发展。

二、我国高等职业教育产教融合协同育人共同体模式的形成阶段

计划经济体制时期，我国职业教育发展较为快速，高职教育也同步推进。在这个过程中，尽管没有出现共同体或共同体模式等概念，但实际上已经出现了共同体模式的基本形态。自新中国成立至20世纪80年代中期，我国历经了极为重要的经济社会发展阶段。国家的经济建设放在核心区域，社会经济建设迅猛发展并有效推进了我国职业教育的发展。那时我国高等职业教育产教融合、校企合作的半工半读形态、校办工厂建设等均处于遍地开花的阶段。从理论上说，该阶段是我国高职产教融合协同育人共同体模式的形成阶段。周恩来曾于1950年的全国高等教育会议上讲话提出，要明确当

时我国经济所处的实际阶段,明确发现人才、选用人才、使用人才的重要性、紧迫性。同时,指出要结合实际情况,适时开展短期训练或开办专科学校。这个教育会议之后,以行业企业为职业教育办学主力军,培养专业技能型人才,积极履行职业教育职能,掀起了很长一段时间的发展热潮。

有数据资料显示,中专与技工教育在相当长的一段时间内是我国职业教育的建设重点。在我国计划经济时期,有七成以上的技工学校以及职工学校并非由指向性明确的职业院校创办,其建设主体基本都是企业本身。同样的情形发生在中专学校上,大部分中专学校建设主体也包括公司。在国家计划经济体制下,政府机构完成劳动生产、资料分配与产品消费的计划和安排等工作,职业教育领域同样也按照计划经济规律进行活动。中专学校及技术学校的课程设置、技术专业课程内容和兼职老师等相关工作,都由行业企业领域主管部门以相近原则、选派对口的专业技术人员来完成。勤工俭学与半工半读的教育教学模式也是在这期间形成的,其主要目的是解决经济困难的学生毕业后的走向问题。

此外,当时多家媒体相继报道并推崇勤工俭学,这在一定程度上推动了职业教育产教融合、校企合作的发展。表 2.2 为部分相关内容。

表 2.2 推崇勤工俭学的部分重要内容

时间	内容来源	相关内容
1957 年 5 月 5 日	《中国青年报》发表了一篇《倡导勤工俭学,开展课余劳动》的社论	提倡引导学生参加课余劳动,制订勤工俭学活动方案
1957 年 6 月	《人民日报》发布了一篇名为《一面劳动,一面念书》的社论	提倡引导学生参加课余劳动和开展勤工俭学活动

续表

时间	内容来源	相关内容
1958年1月	毛泽东同志在《工作方法六十条（草案）》论述具体内容	一切中等技术学校和技术学校，凡有可能会，一律试办工厂或是大农场，进行加工，保证自给自足或是半自给。学生们推行半工半读。在其中第五十条规定：大学和城市中的中等专业学校，在很有可能条件下需要由好多个院校协同开设附设工厂或是小作坊，还可以同工厂、施工工地或是服务业签订参加劳动合同。一切有土地中小学，理应开设附设大农场；并没有土地资源而相邻郊区的院校，可以去种植合作社参加劳动
1958年5月30日	刘少奇同志在中共中央政治局扩大会议上论述具体内容	我们国家应当有两种最主要的学校教育的制度和劳动制度，与此同时并行处理。一种是现今全日制的学校制度，一种是半工半读的学校制度；一种是八小时的劳动制度，一种是四小时的工作劳动制度

此后，半工半读变成这一时期高等职业教育产教融合、校企合作办学最重要的育人模式之一。与此同时，自20世纪50年代到80年代中期，行业企业开始大范围地开展教育教学实践活动，主动投身职业教育。在此建设环境下，不仅中专学校及其学生数量激增，半工半读形式的学校与校办工厂也兴盛起来。

三、我国高等职业教育产教融合协同育人共同体模式的转型阶段

自1978年党的十一届三中全会的成功召开以来，我国开始把社会主义现代化建设作为重点工作来推进，我国的市场经济体制逐步形成。至此，我国经济体制开始进入转型阶段，国有制企业开始进

行改革，多业态中小型企业迎着春风，开始迅速成长起来。以往建立在计划经济体制下的产教融合、校企合作关系被逐渐淡化，取而代之的是新的思考与举措。1980年，天津职业大学的开办具有典型意义。该院校是中国开办的第一所除师范院校以外的高职院校。1985年国家颁布《中共中央关于教育体制改革的决定》后，先后有120多所院校开展高等职业教育。1986年，全民所有制企业改制开始，与全民所有制有关的各类企业开展多类型的经营方式，为市场资源的进一步配置打好了基础。党的十四大成功召开，意味着中国开始迈入社会主义市场经济建设期，市场环境进一步优化，对企业的自主经营提出了新的市场发展要求。与此同时，不少企业面临自负盈亏的压力，因而在与职业教育的合作发展上做出了退步处理。此后，两个文件的出现，推动了行业院校与其主管部门关系的变化：第一是1995年公布的《关于若干城市分离企业办社会职能分流富余人员的意见》，第二是2002年公布的《关于进一步推进国有企业分离办社会职能工作的意见》。两个文件间隔7年，在意义和层次上有递进关系，表达了国家深化改革的意图。此时，国务院相关部门的机构正在改革。随之，相应的举措开始行动，国务院各相关部门直属院校开始转给院校所在当地政府管理。转给院校所在地政府管理的模式也开始在中专、技校等招生分配计划、办学经费上产生影响。

与我国高等职业教育产教融合、校企合作办学有关的发展思想、政策法规及其办学方式等皆在社会经济发展中得到了补充与升华。可以从相关文件内容中看到我国对于职业教育发展的主要思想。表2.3为1985年至1999年我国职业教育产教融合、校企合作的转型阶段的相关文件内容。可以看到，我国职业教育产教融合、校企合作方面的支持性文件包括教育法、国家决定、行动计划等，是一种顶层设计的制度安排，为我国开展多元主体的合作办学模式奠定了发展基础。

表 2.3　我国职业教育产教融合、校企合作的转型阶段的相关文件内容

时间	内容来源	相关内容
1985 年	《中共中央关于教育体制改革的决定》	积极发展高等职业技术院校，逐步建立起一个从初级到高级、行业配套、结构合理又能与普通教育相沟通的职业技术教育体系
1991 年	《国务院关于大发展职业技术教育的决定》	各种职业学校和培训学校，应依据课堂教学需要与具有的标准，积极主动发展趋势校办产业，办好劳动生产实习产业基地。倡导产教融合。工学结合。在我国职业技术教育务必采用一起来办的政策，需在地市政府的平衡下，发展行业企业、机关事业单位办学和各个方面协同办学，激励民主党派、社团组织及个人办学；要充分调动公司在训练技术工人的优势和积极性
1993 年	《中国教育改革和发展纲要》	积极发展多样化的高中后职业教育和培训。通过改革现有高等专科学校、职业大学和成人高校以及举办灵活多样的高等职业班等途径，积极发展高等职业教育。 各类职业学校都需要积极融入本地建设和社会主义社会市场经济的需求。需在政府部门的帮助下，倡导合作办学，走产教融合的路线，更多地利用借款发展推进校办产业，提高院校自我提升的能力，逐渐开展以厂（场）养校
1996 年	《中华人民共和国职业教育法》	高等职业学校教育根据需要和条件由高等职业学校实施，或者由普通高等学校实施。对产教结合给予明确，而且在其含义、服务目标、人才培养方面提出了要求
1998 年	《中华人民共和国高等教育法》	高职学校是指大学、独立设置的学院、高等专科学校，其中包括高等职业学校和成人高等学校
1998 年	《面向 21 世纪较振兴行动计划》	在社会主义市场经济建设时期我国产教融合校企合作的发展加以明确
1999 年	《中共中央国务院关于深化教育改革，全面推进素质教育的决定》	高等职业教育是高等教育的重要组成部分。要大力发展高等职业教育，培养一大批具有一定理论知识和较强实践能力的技术应用型人才 在社会主义市场经济建设时期对我国产教融合校企合作的发展进一步加以明确

2002年，中国社会经济转型发展及其创新驱动发展的高速推进，引发了对相关高素质技术技能人才的渴求。社会经济转型使得市场作为校企双方沟通协调的纽带，作用越加明显。高职教育在从规模效应发展走向内涵建设发展过程中，不断通过市场这一桥梁纽带与企业产生互动关系，积极适应经济社会转型发展中摸着石头过河的阶段，逐渐走出职业教育产教融合、校企合作的艰难期，开始将学校的特色优势化建设内容与企业发展结合起来。与此同时，国家重新开始了解行业企业领域参加或举办职业教育的积极意义，新政策开始持续出台，为产教融合、校企合作带来了新的发展机遇。表2.4为2002年至2014年我国职业教育产教融合、校企合作的转型阶段的相关文件内容。

表2.4 2002年至2014年我国职业教育产教融合、
校企合作的转型阶段的相关文件内容

时间	内容来源	相关内容
2002年	《国务院关于大力推进职业教育改革与发展的决定》	要全面借助企业举办职业教育。企业应该根据实际需求举办职业学校和职业培训机构……企业要跟职业学校加强合作，推行形式多样合作办学
2004年	《2003—2007年教育振兴行动计划》《教育部财政部关于推进职业教育若干工作的意见》《教育部等七部门关于进一步加强职业教育工作的若干意见》	指导职业教育产教融合校企合作工作
2005年	《国务院关于大力发展职业教育的决定》	将校企合作办学与工学交替纳入职业教育改革发展目标，职业教育校企合作模式得以宣布建立
2014年6月	习近平总书记全国各地职业教育工作会议上就加速职业教育发展情况作出重要批示	强调必须坚持产教融合、校企合作办学，坚持不懈开展工学交替、知行合一，正确引导各界人士尤其是行业公司积极支持职业教育

可以看到，产教融合、校企合作不仅列入职业教育改革发展目标，其具体合作模式也得到肯定，并指明高等职业院校研究订单班的开发、培训等具体的发展内容。相关案例研究已经阐明一个事实，即产教融合、校企合作是推进我国高等职业教育改革与发展的重要动力。目前，我国正处在转变经济社会发展方式、推进产业升级发展的关键时期，从人力资源储备与培养的角度看，需要发挥好教育的先进性，以实现教育强国的战略。职业教育作为最接近于市场与产业的教育，在目前经济社会发展环境良好、职业教育发展的现行政策积极主动的情况下，应积极作为，在职业教育理论层面快速突破原有桎梏，在实践层面快速与新时代发展相契合，以高等职业教育产教融合、校企合作作为主线条，在未来若干年重点推进我国职业教育改革，谋求中国特色、世界一流的现代职业教育体系的迅速崛起。

四、我国高等职业教育产教融合协同育人共同体模式的发展阶段

现阶段，我国高等职业教育发展已经正式从校企合作走向产教融合，产教融合协同育人共同体模式当前也处于发展阶段。高职院校作为技术技能的区域化发展主体、教育实践创新的重要主体，在技术应用发展与成果转化方向为社会服务作出了一定的贡献。高职院校也已经清楚地认识到产教融合、校企合作是高职院校全面提升核心竞争力的战略性行动，而发展产教融合协同育人共同体模式是职业教育人才培养、师资培优、学校提振等的关键。尤其在"双高计划"建设过程中，在现行实践教学建设管理的基础上，开启高水平人才培养模式发展意义重大。在宏观层面，2014年教育部举办首届产学合作协同育人项目对接会，自2016年起连续出台多项产教融合相关的政策文件，持续推进教育优先发展与产业创新发展。党的二十大报告明确要深化产教融合、校企合作。《国家职业教育改革实施方案》中更是提出了要推动产教融合实践教学建设，探索创新

实训基地运营模式等发展需求，产教融合人才培养模式是新时代国家职业教育探索教育、产业、人才多方衔接与贯通发展的必由之路。在中观层面，国家从政行企校等层面发出政策指导，如国家发改委、教育部发布《建设产教融合型企业实施办法（试行）》《国家产教融合建设试点实施方案》等。地方政府也积极响应，推动产教融合深化发展，2020年8月，中共浙江省委办公厅与浙江省人民政府办公厅联合发布文件——《关于实施新时代浙江工匠培育工程的意见》，以共享性公共实训基地建设推动产教融合"校企共同体"建设的改革提上日程。产教融合实训基地建设是新时代地方政府职业教育改革与发展的重要推动力。在微观层面，各相关高职院校以学校产教融合共同体模式的实践为基础，剖析院校产教融合人才培养的主要建设模式与掣肘因素，并以新时代职业教育产教融合要求为分析框架，探索适合学校产教融合共同体的实践模式，旨在助力培育知识型、创新型、复合型高技能人才，推进"政企社"协同，促进浙江工匠培育"产教训"融合与"育选用"贯通的学校实践，助推新时代浙江工匠培育工程建设。

校企合作，顾名思义就是由学校与企业联手合作。借助此概念可以理解我国职业教育产教融合协同育人共同体模式的发展阶段与层次。如果按照企业生命的周期来划分职业教育产教融合协同育人共同体模式，可以将其划分为创业运行阶段、创业发展阶段、创业完善阶段和稳定发展阶段等四个阶段。当模式从一个阶段发展到另一个阶段时，会展现出与其发展相适应的层次化特征。根据企业管理领域的相关研究发现，在校企合作发展过程中，依据合作模式所处的发展阶段，其对应的校企合作形式、方式、策略、措施等都有所不同，这样才能更好地开展所处阶段的合作。从企业管理领域所理解的校企合作延伸至职业教育领域的校企合作，将校企合作的主要核心内容设置为校企联合培养的专业人才培养情况，也即校企合作的紧密度越高，则专业人才培养的质量表现越高。据此可将职业教育校企合作的发展层次划分为初级、中级和高级三个层次。当校企合作还处于初级层次时，面向校企双方满足浅表层的用人用工和学生培训实习等基本要求，如帮助企业在初始发生期解决短期用人短缺问题等。发展逐渐迈入正轨后，企业开始在规模上和业务上有所改观，其对用人用工不再采用填坑战术，而会重点关注所用人工的专业与企业发展的匹配度，也会关注所用人工在发展方向上与企业的发展是否契合，两者的结合会在一定程度上助推企业的有效发展。因此，处于该阶段的校企合作的外向表现主要是企业单方面会就专业建设、实习实训、培训教育等与教育教学建设主体的具体方面加强合作联系，深入专业人才培养的细节，贯穿到从一开始的专业人才培养计划设计到后面的人才输送或教学建设成果等方面，是一个比较全面的单向性、短期化、全程化跟踪的合作过程。之后的校企合作在相互沟通交流与思考过程中，又会关注就业市场对于专业人才培养质量不断提升的要求，双方开始用市场的眼光来审视教学建设过程中的每个环节，并开始将自己本身所具有的优质教学资源、人力资源投放到合作教育中，为专业与人才培养建设具有创新、创业、创意的"三创"研发基地、实习实训基地，加大订单班培养力度。在此层次的合作往往会形成较上一阶段更为优化的专业人才培养计划，专业教学资源库与校内外实训基地建设成果立竿见影，开始广泛应用到专业教育教学中。同时，培养出一支专业的双师型教学队伍，可以为企业员工培训与学生就业创业等提供人力资源保障。此阶段层次的合作已不再是企业单向化发展，校企合作投入的意愿和举动都比较实际且紧密，是一种全方位、双向度的长期性合作，在此过程中还会依据双方投入与产出的情况、各方的权责分配来分享校企合作教育的成果。职业教育校企合作走上高级层次，才算是真正意义上的校企合作资源合理配备、组建，才算真正实现了职业教育办学效益可持续发展。该层级的合作是一种深度融合的状态。高层次校企合作的具体表现为：第一，将国家社会经济发展、产业结构升级、现代职业教育体系构建等与合作教育结合起来，融入国家战略方针核心，以服务社会为己任，在合作教育中注重辐射影响力。第二，强调产教融合、校企合作的多元主体共建效应，强强联手，在教书育人、实习就业、创新创业等多个方面展开共建共享的深入融合发展。第三，教育教学层面的合作更为精准化、有效化。如企业参与合作办学更多的是社会责任，而不是获取合作办学过程中的经济利益，其投入的热情与以专业人才培养为己任的学校一样。同时，在学校设定人才培养标准、课程教学标准、就业匹配度标准的过程中，企业根据专业所处行业、产业的背景，加以数据调研与预测并给出调研报告，根据所得出的专业建设调研报告毫无保留、全身心地嵌入其中，贡献专业建设的力量。其中，企业、产业、专业等的资源信息交流是通畅而有效的。

职业教育产教融合、校企合作在当前的发展势头迅猛，但又普遍存在发展不均衡、发展程度不够深入等情况。加之大型企业存在转型升级的重压，其急需寻求扶持支点或政策方面的优惠便利，较少考量在合作办学方面的举措。中小型企业合作办学的意愿和力度主要受到其利益等影响，对于其发展有直接作用的应用型人才的需求还在一段时间内存在。当前职业教育产教融合、校企合作主要还是面向中小型企业。由于其发展需求调动了产教融合、校企合作主体的主要力量，因而在合作教育中趋向于互动程度不足的低水平化合作方式。当前热火朝天地开展的产教融合、校企合作，主要还是联合培养学生实践能力，培训符合企业发展需要的员工。企业开始与教育合作的意图十分明显，注重立竿见影的经济利益，已有一些校企合作的分配冲突引发了关于校企合作分配制度的研究与思考。可以看到，目前大多数职业教育校企合作无法有效地融合院校资源、企业资源以及社会资源，协同作用可能无从说起。即便是协作得非常成功的高职院校与企业，在协作的过程当中，也没达到紧密结合的水平。我国职业教育产教融合协同育人共同体模式的发展水平还处于中级发展层次，且产教融合协同育人共同体的深度融合大多还停留在概念层面。

第三节 我国高职产教融合协同育人共同体模式现阶段的发展方向

（一）高职产教融合协同育人共同体模式的内涵与组织构建

发展至今，共同体的意义早已发生了变化，现今共同体的意义更多的是表达在不断变化的世界中人们所追寻的并且是可以追寻到的群体。在这个意义变化的过程中，也衍生出共同体的另外一层关于身份认同的含义。如果从一个具有初始意义的共同体的变更，到一个符合当今现实世界的新的共同体的产生来看，共同体本身的身份就是一个被确认的过程，因而共同体中涉及的成员的身份也有重新确认的必要。也即只有将身份认同与共同体构建与现实世界的构建环境联系起来才可以比较好理解其中的含义。共同体本身内部具有向内合拢聚合与向外分离外拓两种力量，从共同体的成员来看，其成员是从外向内形成内部联动的合作关系。从共同体的基本属性来看，它具有包容异质性发展外拓性的特征，因而共同体不仅包含具有相同理念与认识的成员，还包含具有求同存异的异质性身份成员，本身并不排斥吸纳各类人员。因此，共同体所表达的并不是一个简单的相互认可并共同在场的异质性链接团队。该团队是一个具有活动生命力和观点表达力，并为其实践活动开展作出必要贡献的、由多级成员组成的实践体。显而易见，共同体在当前社会发展背景下也具有新的教育意义，与我国职业教育产教融合、校企合作发展方面具有较好的合作共识，其中包括多方主体的协商性合作、异质性发展、多向度嵌入等。

现代组织的发展推进了原始意义共同体内涵的变化，同时带来了组织的重建。随着人类劳动与生活方式的改变，原有的开展生产劳动与生活的共同体也会发生变化，主要是共同体内部成员一致表决现象及其与社会的交流互动所表现出新的发展趋势。在这两种表现出来的趋势中，前者本质上是从农业、手工业时期的自然生活规则变化而来，当前所表达的主要是人为强加管理的，而非自发、自然理解的规则。发展趋势中的后者则是在新的共同体组织结构框架中创新出来的一种发展形式。学校作为一种组织结构，其所表现出来的发展趋势就如同上述第一种发展趋势，该组织结构处于一种较为规范甚至严密的教育规训体系中，接受教育者在此体系中开展教育相关活动，即表明其接受组织的管理规则，这与原始社会中自然开展的社会活动是有本质区别的。Gareth Morgan 在其作品 *Images of organization* 中写出了一个关于管理组织的隐喻，认为学校组织作为从工业时代发展而来的组织机构，其原本的职能是为工业时代的发展源源不断地提供有用人才，而现代社会发展关照下的学校的现状更加接近生产流水线，也即将人才培养与生产流水线产品制造相联系。生活实践中不同领域的成功经验是相互流转的，如生产流水线大幅提升工业生产效率，此经验不仅在工业领域得以持续，也给教育管理领域以参照。19世纪中期的教育领域便借用了这一方式开始形塑管理组织机构。就像流水线加工前分配任务一样，学校教育被划分为多个阶段，不同年龄的学生被安排到与其年龄相适应的年级开始学习，学习过程也是按低年级到高年级依序推进的。跳出教育看教育，这样的流水线操作确实是在一个规范的系统中开展工业化大生产。学生在此系统中所获取的知识与技能是与其管理机构所设置的要求相匹配的，如同生产线上的产品一般，这是一种纯属学校教育管理制度下的固化活动，和学生所接触的社会生活相关度不高，可以说是一种类似"工具—目的"的理性管理要求。

（二）高职产教融合协同育人共同体模式的知识与技能创生

从时间的维度来看，共同体的现实语境已经发生很大的变化，与最初的内涵不能同日而语。同时应该清醒地认识到，只有按照现实语境重建当前的现实意义，才是最有必要和具有意义的事情。从语境重建这个角度看，不再只是为了提供一个教育层面的新理论，更多的是提供一个开启新的教育管理尝试的发展空间。这一语境重建与理论新建的过程是帮助教育领域的研究者与实践者，重新关注共同体的内在特性与外在组织形态，并推动共同体的相关实践与研究走向实质性的探索阶段。可以看到，共同体这一教育领域的理论还具有类似人类社区、街道等组织型架构的基本样态，也即反映出成员之间的相互联系的关系属性。若从这一理解来反推，那么共同体的初始概念应该从属于当时的社会组织结构，折射出社会发展过程中相关结构的分化与融合等现实情况。另外，在现代社会学中查阅关于共同体理论的发展可发现，共同体理论是外拓性或者说并不是为了成为共同体而开展活动的，而是从外拓行进中寻求更大范围的共同体。从这一逻辑来看，共同体理论本身与组织结构发展的理性相违背，共同体相关的研究应该具有特色化。因此，从共同体相关研究出发寻求其研究的当代独特价值、工具、问题与理论是一件有意义的事情。当前的知识与技能的创生较为快捷而丰富，其中也赋予时代发展内核以动力。这种动力是破旧立新并确立当前共同体相关理论的内生性、决定性的力量。当前信息通信、网络技术等为共同体的发展提供了技术支撑，在一定程度上把地域局限等产生的影响逐步消除，甚至大有成为新的生产资料的趋势，这引发了共同体及其成员在社会组织结构中的功能变化、结构变化、思维变化等。技术层面的革命性发展不仅带给共同体成员在知识领域的全面反思，还给共同体技术技能创设方面的理论基础改造带来了新的生机。这一发展共同体相关理论的当前环境是促成职业教育与共同体共同组建与发展的催化剂，也是共同体相关研究所依托的重要基础理论与实践发展资源。

尽管共同体相关研究已经具有时代性的发展意义，然而在具体的实践研究中并没有及时更新。有研究指出，作为共同体的一种组织结构，学校成员的相互关系与社会组织的关系联结相似，也即共同体相关研究已经体现在社会学之中，已经在教育学等领域中开展了对比研究，并驱动相关领域的反思。如用社会组织管理中的绩效评价来推动教育管理中的教育绩效评价、教育问责等。然而，这种借鉴研究的一个显著缺陷在于，过于烘托共同体作为精神层面的合作化美好建设，更像是一种乌托邦式建设，其对现在语境下的实际问题的解决与启示功效值得进一步思考。大多数使用这一方式解决或改善教育管理中存在的组织与领导问题的实践研究，多是基于社会组织视角的。可以看到，社会组织领域看重的是对其相关成员及其组织的分析，如对学校领导、教学实践者、受教者、受教者家长以及社区等成员的角色、功能、定位、行为等分析，并联系其在实践共同体中的具体行为特征注入所期待的新理念。注重共同体的精神依托，可能是这些研究使用共同体术语时对共同体的理解。平等对话、授权与协作、扁平化组织与去权威等新型理念是共同体所关注并实践的相关理论，其本质与社会学中的相互联结方式密不可分，或者说在共同体中的相关研究本身就是从另一渠道来探索与理解社会组织行为的。

　　许多研究忽视了产教融合与共同体的现实存在。即便与产教融合有关系的研究，也多从共同体的关系构建来切入并以观察阐述为主，在表述产教融合与共同体相互联系时浅尝辄止，因而离分析相互间本质关系的研究需求甚远。从教育实践的角度看，我们已经在产教融合、校企合作层面达成共识，也即产教融合、校企合作属于社会学层面，完全可以借鉴并参考已有社会管理学方面的研究成果。而从社会管理学角度入手开展研究的一个基本诉求，就在于能从社会构建的问题导入对知识技能学习的发展空间进行探索。与之相应，现代管理的核心不仅是协调组织内与组织间的关系，更重要的是推动共同体相关知识技能的分析分享与互动创生。如果把学校管理组织当作共同体来研究，我们更加注重的可能是前者也即学校组织。当我们说组织应成为共同体时，知识的创生就是一个关注的焦点。当前发展视角下知识与技能的创生已经成为职业教育产教融合、校企合作共同体发展的一种新的衡量标准，其中职业教育有关知识与技能的分享交流与创意创新机制及其文化，已经被多门学科如哲学、系统科学、社会学等吸纳。因此从时间维度来看，在未来一个发展周期内，将会在融合学科发展中带来重要的理论新进展。从教育管理学的角度来看，随着互动交往、智能媒体等的不断渗透，共同体的相关内涵也会随之有所发展，而多维邻近性理论的介入，将会为共同体的相关研究引入更为科学有效的分析设计与实践研究，将会革新职业教育产教融合、校企合作层面的理论与实践。

本章小结

  教育现象是历史的产物，会随着发展背景、历史进程、历史条件等变化进一步发生改变。高职产教融合协同育人共同体模式的由来与发展的研究就是以历史为轴，进行全局性观测。本章首先从高职产教融合协同育人共同体模式的发展背景入手，描述经济社会发展催生了高职产教融合共同体模式，产业发展核心技术的进步催生了高职产教融合协同育人共同体模式，产教融合发展思想萌生了高职产教融合协同育人共同体模式，职业教育发展催生了高职产教融合协同育人共同体模式等四个方面发展背景。其次，将我国职业教育产教融合协同育人共同体模式划分为四个发展阶段，分别是鸦片战争到新中国成立时期的职业教育产教融合协同育人共同体模式的萌芽阶段，计划经济体制时期的职业教育产教融合协同育人共同体模式的形成阶段，市场经济体制时期的职业教育产教融合协同育人共同体模式的转型阶段，以及现阶段我国职业教育产教融合协同育人共同体模式的发展阶段。最后，进一步明晰当前职业教育迅速发展赋予高职产教融合协同育人共同体模式的伟大使命和重要任务，从高职产教融合协同育人共同体模式的内涵塑造、组织构建以及知识与技能创生等方面加以说明。本章通过对我国高职产教融合协同育人共同体模式的由来与发展的描述与介绍，进一步丰富我国职业教育产教融合校企合作的相关历史研究，同时为进一步研究高职产教融合协同育人共同体模式的理论分析与实践创新打下坚实的基础。

第三章

多维邻近性视角下高职产教融合协同育人共同体模式的理论分析

第一节 高职产教融合协同育人共同体模式的理论审视

多维邻近这一概念来源于经济管理学，由邻近这一概念逐步演化而来。原本邻近是指集群中经济主体在地理空间上所处的位置关系。之后，随着法国邻近动力学派对于邻近概念的扩展，其概念从单纯的表征地理位置的相互毗邻关系的属性扩充延伸到多重的表征理解认知、组织关系、制度保障、社会依循、技术支持等属性。这种延伸属性又被称为多维邻近，当前多维邻近的划分方式多样。如Torre和Rallet（2005）主要从地理邻近和组织邻近两个方面解读。李琳、韩宝龙（2009）倾向于将多维邻近划分为地理邻近、认知邻近和组织邻近三个维度。Boschma（2005）认为之前的多维邻近分类划分存在概念重叠且概念模糊的现象，依据其研究将多维邻近划分为地理邻近、认知邻近、组织邻近、社会邻近和制度邻近等五个方面，该分类基本确立了当前多维邻近的划分板块，保证了邻近概念的内涵完备性，同时避免了过度切割概念造成的内涵交叉。在Boschma划分的五个维度的邻近中，地理邻近的关键维度为距离，主要解决本地联系和外地联系之间的结合关系，然而会表现出无空间外部性的邻近不足，同时也存在地域开放性等邻近过度的情况。认知邻近的关键维度在于知识差距，对于有共同体的知识基础和多样且互补的能力问题有可能具有解决方案，然而也可能在邻近不足时存在误解，在邻近过度时存在缺乏创新资源等情况。组织邻近的关键维度在于控制，在宽松的耦合系统中可能有对应的解决方案，在邻近不足时存在机会主义，邻近过度又会出现官僚主义等情况。社会邻近的关键维度基于社会关系的信任，对于嵌入式和市场关系的混合物等可能有解决方案，邻近不足会出现机会主义，邻近过度则又会出现缺乏经济意向等情况。制度邻近其关键维度基于制度的信任，对于制度制衡方面具有解决方案，对于邻近不足同样会出现机会主义，邻近过度则会出现锁定和惯性等情况。具体来看，多维邻近性包括如下七个方面。

一、地理邻近

地理邻近又称为空间邻近或者地域邻近，其作为最开始被关注也是关注多维广泛的邻近关系属性，主要是表达具有邻近关系的主体相互之间的地理空间距离的长短，这种地理空间距离往往又在交通运输与交流传播过程中对成本产生影响。Torre（2005）在其研究中指出，地理邻近是在物理层面两个主体直接联系时要解决的距离。Malmberg 与 Maskell（2002）的研究认为尽管地理邻近仍需跨越地理距离，有实现交流互动的愿望，但实际上这一跨越是带有促进交流学习的积极作用的，它在物理层面实打实的联系还带动了社会交往的深化与社交信任的建立，因此还能促进知识技能的传播。与之观点相类似的有 Antonelli（2000），其在研究中指出地理邻近具有多维属性，通过拉近地理邻近的关系可以带来渠道的便利，如知识技术的扩散与传播等。

二、认知邻近

Cohen 与 Levinthal（1990）的发现表明，认知邻近表达的是一个知识结构的韦恩图，也即行为主体在知识结构上有交叉情况，而由上述情况又带来知识技术层面的解释力与理解力的问题。Perez 与 Soete（1988）分析认为，认知邻近尽管主要指固有知识方面的相互交叠程度，同时还要注意新知识的摄入与固有知识之间的融合消化情况，在这一过程中同样要考虑企业是如何在其中平衡所花费的相关成本与知识吸收间的弥合情况，同时形成企业吸收新的知识而不断提升发展力的局面。Nooteboom（2000）则从知识技术层面交叉的缘由考虑，认为认知邻近的本质是追求知识共享与相互学习进步，行为主体的追求强烈程度会直接影响其知识技术层面的拓展延伸发展程度。Wuyts（2005）则在研究中指出，认知邻近的行为主体在识别何为所需共享的知识技术时所需要的能力水平是发展的核心，这一能力的高低直接决定了知识技术创新与转化的效率。

三、组织邻近

Metcalfe（1994）从组织管理的角度入手，将组织邻近界定为一种融入行动的发展机制，在某种程度上要加强激励层面的机制建设。Gilly 和 Torre（2000）认为相互靠近形成交互关系的行为主体或存在技术、经济等层面的相互支持，其所有行为都发生在同一组织空间内部，因而可以称之为组织邻近。Boschma（2005）研究认为组织邻近更接近于一种组织安排。作为安排其组织邻近的关系，其本身是要实现共享这一建设使命的。然而，从组织邻近的管理方式来看，自控发展为他控，对具有创新创意思维的独立行为主体的发展行为会造成一定程度上的遏制。由此会带来组织邻近的知识创造的不确定性，与组织邻近发展技术革新的风险性。看到问题就要采取措施，因而相应的技术投资所有权相关的管控措施和技术发展的鼓励机制等应运而生，多元主体之间的复杂互动关系机制的调和也得到关注。延续这一逻辑，可以看到 Boschma 的研究是支持组织邻近发展的，因其能带来组织管理层面较低成本的知识技能交互。然而，组织邻近方面的活动加剧开展也会给交流互动与学习带来干扰，因而在治理机构中建立及时有效的反馈机制是对组织邻近发展的一种有效补充,其将对组织邻近的创新实践与灵活推进有所助益。

四、制度邻近

Edusist与Johnson(1997)的研究指出,制度邻近的核心是行为主体所涉及的法律、法规、惯例等制度方面,在行为主体人群中的相互肯定与实际规范使用的体现。关于制度邻近,一方面,由其规范性内容促进行为主体的交互与知识技术的集体性传播交流;另一方面,过多或过少的制度并不合适,过度的制度邻近现象并不利于新知识新技术的产生与发展,过少的制度则在拉动主体人群的聚合力方面表现不足。已有研究表明,鉴于制度与文化等具有相关性背景,制度邻近与文化邻近等维度的邻近具有交叉现象。事实上,这也是当前多维邻近性理论的发展现状,不少邻近关系的叠加部分的分析并没有完全确定,而是根据具体研究主题与内容来划分多维邻近的维度。

五、文化邻近

文化作为一种黏合行为主体的行为与思维的产物,其内涵至今仍处于不断扩充与发展阶段,此处的文化邻近的内涵也是如此。Burns与Stalker(1996)在研究中指出,文化作为解释行为主体思维与感受的无形物质,在促进创新创意发展、加强行为主体的沟通及减少沟通带来的成本等方面的逻辑,与制度邻近比较接近。

六、技术邻近

技术作为较为清晰的可载于实物的产物,还包括技术发展过程中所形成的相关知识经验。Tushman与Anderson(1986)研究指出,技术邻近更多地以行为主体间的知识技术的应用来展现,主体所具有的知识技术的吸收消化能力在一定程度上决定了交互的实效性。尽管技术邻近在知识技术的迁移转化等方向具有重要作用,但是过于强化此方面则会使得新知识新技术难以进入行为主体的视野，进而影响行为主体的创新发展，也即出现行为主体的知识技术层面固化现象。

七、社会邻近

行为主体所处的区域是社会，因而社会属性是随着行为主体的出现而产生的，并总是以融入区域空间的方式影响区域经济社会的方方面面。社会邻近从概念上分析，与组织邻近比较相似。可以通过组织协调关系来实现个人乃至组织的知识技术交流互换与创新发展。从微观层面审视，社会邻近又和个人邻近比较接近，与个人所处的区域社会有较强联系。与此同时，还应该看到社会邻近与其他邻近属性一样，具有过犹不及的情况，也即过于强化社会邻近也会带来负面作用。其影响主要表现为社会区域的提前锁定与过度依赖区域内部发展，从而丧失了外部协调创新发展的机会。

第二节 高职产教融合协同育人共同体模式的基本内涵

一、高职产教融合模式

从内部属性来看，产教融合模式一般包括事物标准与规范、事情的抽象概括及其能够借鉴并转化的知识三个方面的因素。作为近年来我国职业教育领域使用频率较高的概念，产教融合模式的概念到目前为止还没有定论。为了更好地理解产教融合模式的内涵，需要从办学模式和教育模式两个层面进行一定的辨析。一般来说，办学模式是教学模式的依附定义，教学模式的研究可分为宏观经济层面的发展理念研究、初级办学模式研究和外部经济层面的教学模式研究三个层面。权威性教育字典里没有办学模式的概念，但可从教学模式的概念得知办学模式的含义。教育模式是教育在一定社会条件下形成的具体教育样式，其包括多种形式的传统或现代教育、培训等。办学模式比教育教学模式更为高阶，是从整个院校发展的视角来定位办学资源的特殊属性及特殊组织结构形式的功能与执行方式。教育教学模式则较为微观，主要指分院或某些专业开展的教育教学方式，通常具有专业或行业特色，同时也不具备跨专业推广的属性。

二、高职产教融合协同育人共同体模式

（一）微观层面的基本内涵

高职产教融合共同体模式作为一种教学模式，以地理邻近、认知邻近、组织邻近等多维邻近性为视角，可从微观层面、中观层面和宏观层面，对其基本内涵加以分析。微观层面的内涵，其核心在于教学与生产两方面的交互与融合，最终实现产教融合发展的目的。由于高职产教融合的建设主体为高职院校与行业企业，其多维邻近性更多地表现在高职院校与行业企业的交互行动与密切合作中，不同研究视角本身是一种创新，而研究过程则是创新过程，致力于校企合作产教融合的创新要素重组与发展，推动产教融合朝着人才培养、技术研发、技术应用以及市场营销的一体化发展逻辑演进，从本质上来说是一种建设主体寻求新型发展方向和发展空间的有效途径。刘力（2002）认为，在职业教育产教融合的创新过程中，行业企业、高职院校等以创新为目标开展各种形式的合作，所达成的效果是独立建设所无法实现的。庄西真（2004）指出高等职业教育所说的产学研，简单地说，产就是生产制造、产业、公司企业，其中公司企业是一个国家经济增长最重要的媒介和基本要素。学一般指高校，而研是指开展科研和技术发明的研究室或所。产学研是指这种系统关系间的相互影响。李小峰（2007）提出"生产制造"指的是"工业"方面，本质上包含农牧业在内的第一产业、工业在内的第二产业、服务业及其他在内的第三产业等社会发展产业部门，及其政府相关管理部门。"协作"是指产业部门与教育相关部门，在

具体生产运营全过程、教学活动全过程的融合发展。此外，持这一观点的一些学者从公司的角度，将职业教育的产学研一体化科学研究界定为一类"以产养研，以研促产"的企业经营方式。企业以生产利益需求为导向，以职业学校和研究机构为重要合作对象，旨在通过产品开发和技术改良等手段不断提高产品的市场适应性和满意度。作为回馈，企业会将产品的部分盈利投入现有的研究并促成其成果转化，使职业教育产学研一体化育人模式以教育为中心，灵活运用相关特性，妥善使用并发挥企业等多种优质社会资源以及人才培养方面的优势，实现人才的系统化培养目标。总体而言，微观层面的基本内涵是具象和实体化的，它的内涵解读更具有落地可能性，表达的信息更为准确。

（二）中观层面的基本内涵

中观层面的内涵，其核心在于学校与企业的融合，侧重于组织邻近的产教融合共同体发展，即基于职业教育产学研共同体模式参与的主体来发挥它们的功能——生产制造（公司）、教育（高校）、产品研发（公司）。学者们对产业生产、教育、科学研究三者结构与关联的认知把握重点不一，也演绎出了不同的观点。第一，侧重生产功能。如杨晓刚（2012）认为，职业教育产学研共同体模式就是以生产为目的、以教学为基础、以研发为动力，将生产、教学和科研紧密结合起来的共同体模式。第二，偏向教学功能。如常小勇（2005）认为，在职业教育产学研共同体模式中，教学是主体，注重知识的获得和技能的习得，而生产、研发是两翼，围绕并服务于教育教学的需求。第三，兼容并蓄。该观点认为职业教育产教融合共同体模式是一种以高素质劳动和技术技能型人才培养为核心的，集生产、教学、研发于一体的集约化办公模式。如张弛等（2013）认为，产教融合共同模式是生产、教学、研发三项主体性活动形成一致目标和行动取向的有机体，其一体化关系是经过均衡调整之后形成的、稳固程度和信任程度最高的校企合作组织关系。由实践可知，任何一方面的功能都不能失之偏颇，否则产教融合共同体模式就失去了真正的价值。总体而言，中观层面的基本内涵，偏重组织架构的功能价值表达，而在共同体模式的具体功能表述中有多种不同的见解。

（三）宏观层面的基本内涵

宏观层面的内涵，其核心在于产业系统与教育系统的融合。虽然高职产教融合模式已经实施了相当长一段时间，但对于职业教育产教融合模式的内涵理解，我国现在相关方面仍然众说纷纭、莫衷一是，既没有形成统一科学的认识，也不能够形成完整的指导思想来引导职业教育产教融合模式的深入开展。因此，清晰地分辨产教融合、产学一体化、产学研合作之间的复杂关系，有助于我们更好地理解职业教育产教融合共同体模式的内涵与外延。一是产教融合是职业教育发展内在的价值取向，旨在为职业教育产教融合和产学研一体化提供方向性的指引。它既不涉及具体的模式，也不涉及相应的人才培养模式，它的核心在于高屋建瓴地发挥方向引领作用。二是产学研一体化是产学研合作的升级形式。产学研合作最初源自产（企业）、学（学校）、研（科研机构）等实体间的联合，后来演变成为政（官）、产、学、研及政（官）、校、行、企的合作，但这种合作更多的是通过契约或依托于项目、课题的形式开展，是一种相互支持、相互配合，联合作出研究开发和成果转化的行为。而职业教育产学研一体化模式则是以校企一体化为导向，以技术联合研发、孵化、转移为载体，是一种跨越了组织实体间差异，迈向更高层次、更高水平、更持久关系的人才系统培养的合作办学形式，是多个原先单独的主体慢慢以某种方式融合成一个实体的过程。事实上，产学研合作和产学研一体化办学在本质上并没有区别，它们的共同特征是以知识流动为特征的教育活动，其目的在于实现职业院校和行业、企业的共同利益。换言之，它们只是程度、方式和阶段性上的差异。

三、多维邻近性视角下高职产教融合协同育人共同体模式

（一）协同育人生态发展层面的基本内涵

产教融合协同育人是产、教、政、社等多元主体互动，做出改造、提升发展行为并满足职业教育本身要求的社会实践。一切新的项目的实行都会对原有教育生态系统及平台产生一定的影响，将打破原先固有的组织边界与产业藩篱。从本质上来说，对于传统落后的教育的联系是需要重建的。传统校企合作、产教融合的职业教育发展注重教育与其他行为主体关联中教育层面人的自然更新升级，较为忽视其他行为主体针对教育发展与制约所产生的关系。产教融合协同育人活动的目的不是单纯地以改造职业教育提升人的技术技能为目的。21世纪以来的产教融合发展本身应该是生态衍生多维度发展，其中愈来愈重视生态性、智能性等特征。生态性是产教融合协同育人等主题活动与环境、主体等协同发展的特性。其基本上要求产教主题活动既达到大众对于教育全面生态衍生发展的需要，又符合生态发展的产教融合协同育人活动中遵循的生态规律，衍生与维系多元主体关系链，延伸协同育人的发展链。在这个社会经济发展进程中，从深度和广度上重新构建生态发展的产教融合协同育人模式，使社会发展、经济发展、生态发展和谐共存，实现可持续发展。为此，产教融合协同育人进程中要牢固树立科学合理的"多元主体全过程生态"观。不可把产教融合协同育人状况看作生态系统及平台之外的社会现象或工作，而应该将协同育人看作多元主体全程引导生态循环的生态社会现象。在产教融合协同育人创新与基本建设过程中，我们必须坚持生态发展效益优先，生态效益与经济效益、社会效益相统一的原则。综合考虑产教融合协同育人推进中多元主体关系链与育人发展链可能会引起的生态建设问题，使之合乎并服从当前生态循环发展系统规律性，将人们社会实践活动的生态延伸发展规律性作为育人项目决策、育人项目设计方案、育人项目

实施和育人项目评估的外部约束和外部要素，确保产教融合与协同育人协调发展。

（二）协同育人生产制度层面的基本内涵

制度是我们都应该坚守的工作流程和行为规范，生产制度是指一系列政策、法律法规、组织架构、行为规范、工作规范、管理条例、规章制度和机构工作习性等，是国家和当地政府、各相关协同育人的主体为推进协同育人建设项目目标而专门设置的。生产制度是产教融合协同育人实践的内核，是生态发展层的实质性保证，是协同育人主体的行为规范。产教融合实践关注多元主体的多维邻近关系，实质性地渗入协同育人体系，体现了职业教育多元主体的价值观念和行为准则。生产制度就是为了处理能做什么、不可以做什么、应当做什么，是具体产教融合协同育人的主要表现，同时也表现出一种面向产业行业等发展的适应性和灵活度。生产制度具备增强性、规范化、主导性的特征，约束协同育人体系中主体人群及个人的行为。产教融合协同育人系统在推进过程中，应该始终坚持协同育人原则和育人标准，使这种育人模式具有高品质，满足整个社会需求而不易产生产教融合实践安全风险问题。因此，高职院校需要加强生产实践及现场教育，特别是开展有职业针对性的技术技能方面的实践教育和制度文化教育，让学生熟悉和遵守国家法律、本专业领域技术标准以及与本专业相关的职业和行业法律法规；与此同时，高职院校本身也要高度重视课程管理制度、教师行为规范、学籍管理制度、评定制度、校园安全制度、创新激励制度等建设情况。将这些制度渗入大学生潜意识，使其个人行为更规范，能实现自我约束，进一步推进产教融合协同育人走向完备与科学。

（三）协同育人实践文化层面的基本内涵

引入多维邻近性视角，顺应社会主义文化大发展、哲学社会科学大繁荣的客观需要，充分打开高职产教融合协同育人共同体模式的发展视野，充分发挥高职教育教学工作的文化育人功效。产教融合协同育人共同体模式包含精神层面文化，主要是指产教融合的所有参与人员认可并遵守的生产理念（观念）、价值观念、经营管理理念、工匠精神、职业道德等，是产教融合共同体模式中的精髓和本源。时代呼唤现代产教融合观和新型技术技能人才的诞生，高职产教融合协同育人共同体模式可以帮助高职学生树立正确的生产观和实践观，使学生能够在接下来的生活实践中恰当剖析与处理实践与社会、实践和环境、实践和人、局部利益与共同利益、经济收益和环境权益、个人利益与整体利益等的相互关系。产教融合作为培养新时代高职技术技能人才的主渠道，必须以产教融合观为指导，以产教融合哲学观引领生产观和实践教育改革创新，以前沿的生产理念推动形成学生的价值观，提升高职生的基础知识、能力素养，塑造一大批合乎时代发展需要的综合型、创新型的技术技能人才。

人们在建构一个实践育人活动时，自然提及问题，找寻实践育人价值难题，判定和挑选实践育人价值。大众在物质与精神方面对于项目的价值定位，取决于对项目的社会需求满意率，对实践育人价值的向往是实践活动目的驱动力。实践育人价值观是实践行为主体对实践价值的总信仰，是社会对实践育人价值所选择的规范化建议，是自己和社会对实践观念与行为所选择的评判标准、限度和依据的总见解。实践育人价值观的核心理念是在社会环境下相关主体的和谐统一和可持续发展前提下造就人的福利价值，体现了综合性价值的特点。当代实践育人是一项经营规模非常大的活动，其价值注重细节多样化，具有科学规范价值、经济发展价值、社会发展价值。活动的前提条件是产生统一的价值观，尤其是关键价值观、核心实践育人价值观。因此，产教融合协同育人就是培育和承继社会主义核心价值观和正确实践育人，使培养的人才坚定理想信念，坚守道德准则，摆正实践心态，成为对人类有贡献的实践技术技能型人才。

任何实践活动都是在一定意识的支配下进行的，一切实践创新活动都是从意识开始的。实践意识是实践主体对实践造物生产活动的看法、态度和行为倾向。牢固的实践意识是大学生必备的实践素养，对学生的学习起到正确引导、推动和调节作用。对面向技术技能应用与开发的相关人才来说，尤其要重视培养和强化他们的自主创新意识、协作意识、品质意识、实践活动意识、义务意识、安全性意识、融合意识、历史人文意识。

生命是精神的外在表象，实践精神是技术技能人才出色精神质量的充分体现，从源头上决定了相关人才对实践的认知、感情、意志和个人行为。应在实践育人中表现出实践中出创造和实践中产生精气神的实践育人精神，同时体现社会主义核心价值观。社会主义核心价值观集中体现了中国优秀传统文化，技术技能人才要弘扬以爱国主义精神为核心的中华民族精神以及以创新发展为核心的时代精神。实践精神主要体现在实干精神、客观精神、无私奉献精神、协作精神、处理风险的精神、伦理道德精神、历史人文精神等方面，通过实践文化的陶冶、滋养和教育，职业院校大学生可以养成良好的实践精神。

（四）协同育人伦理层面的基本内涵

高职产教融合协同育人共同体模式中涉及职业实践中多元主体互动的伦理道德概念与内涵。职业实践中的伦理道德在一般意义上表示技术技能人才在职业实践过程中要遵循的行为准则、职业标准、道德准则和道德品质。职业实践伦理道德具备实践过程中的行为社会发展客观性，体现了人们对于职业人群以及职业个人行为道德的希望。伦理道德内容包括遵规守纪、敬业敬业、求实创新、勤勤恳恳、廉洁从业等，同时还需要增强与多元主体互动的能力与关系等。技术技能人才应自始至终遵照这些内容。责任感是指相关人才对人类发展应承担的职责，或者技术技能人才在实践过程中理应执行或承担的工作实践职责、任务的心态。技术技能人才的社会责任包括维护生产安全、人员身心健康，高度重视生态环境保护、坚持可持续发展观等。也就是说，技术技能人才的社会责任主要体现为他们在职业实践活动中对企业、对公众、对环境、对社会、对未来所负的责任。在实践教育条件下，学生不但要发展智力水平，还需要关注实践育人过程中相关主体的关系建立、维护、联动、发展等，成为实践育人中的驱动力与发展力，进而发展心理状态、社会意识等非智力因素，一定要重视学生职业道德规范的塑造。学生不但必须掌握更专业的基础知识，而且还要了解并遵循国家在这一领域的法律、技术性规范和标准，以及其生产制造、设计方案、产品研发的法规。

实践教育是培养技术技能人才的课外教育与品德教育的紧密结合，是塑造学生实践项目职业道德规范、社会发展责任感与人文素质的重要方式。包括社会大众的多元主体，对技术技能人才伦理责任有具体目标，但我国目前在技术技能实践项目伦理责任教学的重要地位与作用上缺乏深刻认识，技术技能人才品德教育也十分欠缺，只关注技术技能设计知识教育，忽略岗位伦理和实践伦理教育，还有不少高职院校将技术技能伦理责任教育与政治思想教育、就业教育等混在一起。在实践上，只有将多元主体融入实践育人的具体环节，才能体现协同育人伦理教育的本质要求。虽然有些职业院校已开始协同育人实践伦理教育的实践，也引进和翻译了一些国外的实践伦理教材，但总体上我国的实践伦理教育还处在前期阶段。在世界范围内，高度重视实践伦理教育是世界各地工程项目教育共同的发展趋势。以美国为例，20世纪80年代，美国工程与技术认证委员会（ABET）要求评定相关教育内容，必须确立教育规划的德育目标。从20世纪90年代开始，美国工程项目教育协会和国家科学研究联合会（National Research Council，简称NRC）发布实践项目教育改革创新的报告，其中明确提出技术工程师的协同育人实践伦理问题，号召对应的教育防范措施，如ABET把实践伦理的内容纳入注册工程师"工程基础"的考试中。因此，在我国实践教育中，在大力开展共同体实践育人的同时，要通过实施实践伦理教育，培养和强化大学生的伦理道德观念。

第三节 高职产教融合协同育人共同体模式的实践特征

一、高职产教融合协同育人共同体模式的复杂性

产教融合协同育人是由各种因素组成的复杂系统，主要体现在：现代职业教育规模大，协作面广，投资大，建设周期长；有新知识、新工艺的要求，技术复杂，往往是非常复杂的组织系统或技术群；由许多专业组成，有众多建设单位、复杂的社会管理系统和复杂的利益群体参与及共同协作；实施过程复杂，建设项目要通过具体的设计、建设和使用等来完成，包括构思、决策、规划、设计、实践、验收使用和修改完善等诸多环节；除技术因素外，还涉及社会发展、法律法规、伦理道德、自然环境、安全性要素的系统构建，这种要素具有极强的可变性，一些要素之间通常存有不确定性的关联，一个实践育人建设项目往往存在多方案、多技术、多路径的选择和决策问题。

实践建设项目从思路到实际建设，有很多技术专业活动及管理活动。这些活动具备多种多样的特性，包含协同育人相关的决策控制系统设计方案、整体规划等。新的实践项目要获得成功，一切活动都需要依据实践的总体目标分配，需要多元主体的高效率配合，不能出现导向性错乱。实践项目的复杂性要求实践项目的行为主体特别是管理者和建设者必须有严密的逻辑思维，掌握整体目标与任务，留意全过程的协调和各个部分的联系。要善于将不一样经历、不一样兴趣爱好、不一样组织的人有机适当地组织成一个特定组织，在各类约束下完成预期目标；想要实现利益最大化、成本费降到最低、风险性降到最低目标，领导者、管理人员、实施者（涵盖各类相关主体）务必主动或不自觉地选用适当技术或系统技术，要经常使用多因素分析、多方案选择和决策等，推动实践育人的进程。

二、高职产教融合协同育人共同体模式的继承性

协同实践建设项目是按照一定目标和规则对科学、技术和管理等的动态整合及各种要素的有机组合与集成。因此，对于各类实践活动，不仅要对其中的科学、技术等要素进行优化整合，而且必须对市场、产业、经济、环境、社会、文化以及相应的管理等诸多层面进行更为综合的优化整合。

实践建设活动是在一定社会、经济条件下对诸多要素的集成过程和作用方式，集成是实践工作的内涵与本质，实践活动中的造物是集成基础上的建构，集成是建构的基础，建构是集成的目的。每个实践活动往往是由若干部分构成，具有一定系统平台的圈层结构形式。实践项目建设内部圈层体系中创建多种多样育人实践模块进行系统集成，构成实践建设活动的基本内涵；外圈结构是包括资源、环境、管理与组织、社会经济、政治与文化等非技术性要素的集成系统，形成实践活动中边界条件里层和表层，优化整合所形成的相关圈层形成更大体系的实践项目。每项实践项目往往有多种技术、多个方案、多条实施路径可供选择，其中存在实践育人目标、方案、多元主体协同等许多问题。实践项目主题活动是在发展战略、发展战略规划落实方案、实践主题活动管理决策、活动设计、施工工艺和管理、生产运营的优化环节中，按照一定的总体目标、制度和方式，寻找实现一定边界条件中重新组合和优化整合的逻辑，进而更大限度地发挥多元主体的混合优化作用。

三、高职产教融合协同育人共同体模式的创新性

创新是实践育人项目的重要特征。创新是实践的灵魂，创新思维是项目创新的核心。实践活动不是科学知识的简单应用，也不是相关教育主体、教育技术的机械组合，实践活动追求的是在优化组合各类主体、技术、组织，协调各类资源的过程中，创造出全新的存在物。实践活动中所采用的技术不一定是全新的，但其多元主体

及其相关技术等资源的组合却是全新的。因此，实践建设涉及的创新主要是组合创新与集成创新。实践活动中创新活动需要对多类主体、多个专业、多种技术和非技术要素在较大的时空尺度上进行选择、组织与优化集成，即实践活动不能只依靠单一主体的创新，而需要与之相结合的多专业知识与技术共同体的参与。实践育人活动的创新多表现在育人实践的设计中。设计本质上是创造性预料活动，可重复性的工作不用设计，如果新的实践活动推进建设所使用的方案等是现成的，也要集成创新。如果缺乏某一类参与主体，面向市场的人才也不处于市场成熟期，在实践活动实施过程中就要进行集成创新、技术创新等。

四、高职产教融合协同育人共同体模式的科学性

产教融合是更新改造职业教育协同育人的实践活动，但在更新改造之前首先要了解职业教育，而认识职业教育正是实践活动的目的和任务。实践活动不是多元主体、装备等的简单堆砌和拼凑，实践活动在集成过程中有其自身的理论、原则和规律，必须建立在科学的基础之上。实践活动就是将科学知识和技术成果转化为现实生产力的活动，任何实践活动都具有多种专业交叉、复杂技术综合运用的特点。工作实践技术务必恰当应用和遵循科学规律，需要以科学理论，尤其是系统科学等基础理论与方法为基础。同时，实践活动主体的实践经验，包括隐性知识、意会性知识等也是实践活动不可或缺的重要因素。

五、高职产教融合协同育人共同体模式的实践性

产教融合协同育人活动是改造客观物质世界的实践育人活动，是通过建设发展逻辑实现的。协同育人活动本身既是实践活动，又是实践活动的结构和结果，离开了实践活动的实践是抽象的实践。每个实践活动都要经过具体的设计、实践、推行和反馈等过程。实

践活动本身就是一个复杂的建构和运行过程。可以说，实践已经渗透到与职业教育相关的经济建设和社会发展的各个领域。实践活动的实践性特点还体现为建设活动必须考虑现实的可行性，必须接受实践的检验。

六、高职产教融合协同育人共同体模式的规模性

实践活动通常有较大的规模，是复杂的组织系统或社会化系统。实践活动的出现可以认为是人类对个人能力有限性妥协的一种体现，是实践推动和社会分工合作的结果。实践活动是个人无法完成的项目，需要许多人的引导、分工与协作，需要有组织者和管理人员，而普遍合作的结果就是人类劳动的规模越来越大。诚然，很多人用规模衡量实践活动，规模庞大也是技术技能实践与技术技能本身的重要区别之一。实践活动的规模是由人类劳动合作的规模决定的，合作规模越大，参与主体单位越多，实践活动规模就越大。实践活动特别是大型实践育人活动作为规模庞大、主体人数众多、投资额大、生产和发明潜力巨大的人类合作方式，正在全国各地轰轰烈烈地开展。大型实践活动由于其活动成果的重要性，加之其建设实践规模庞大、实施地域广阔、项目投资巨大、使用寿命较长，往往由政府部门投资、组织实施和进行宏观调控。

七、高职产教融合协同育人共同体模式的社会性

实践活动处在社会大环境中，与社会及相关主体具有不可分割的联系。实践活动水平决定着特定社会的物质文明、精神文明以及生态文明发展水平。实践活动有明确的社会目标，即增进社会利益和满足社会需求。一切实践活动都是因为人类的需要而开展的，实践活动都有其特殊对象、特殊目标以及科学的设计步骤和实施阶段，实践活动的价值只有通过满足社会和人们的生活需要才得以实现。可以说，社会性是现代职业教育的显著特征，主要体现在两个方面。

第一，实践活动实施主体的社会性。实践活动的主体通常是一个有组织、有结构、分层次的实践共同体，而共同体内部有不同的社会角色，主要包括管理者、建设者等。现代职业教育主体往往是由成百上千项实践活动建设主体组成的。实践主体通过构建和创造新的社会存在，带来新的经济效益、社会效益和生态效益。第二，实践活动对社会的经济、政治及文化的发展具有直接的、显著的影响和作用。实践活动的这种社会性客观上要求人们在考察、评价和反思实践问题时，应当多视角、全方位地认识和理解实践活动，建设后还必须接受全社会的监督和评价。一个好的实践育人活动总是会综合考虑经济效益、社会效益和生态效益，并把它作为方案设计和选择的依据。

八、高职产教融合协同育人共同体模式的生态性

实践活动是人类改造自然和征服自然、提高人类发展水平的产物，教育实践活动一旦成功开展，就会长期甚至永久性形成教育发展生态，与区域经济社会发展产生生态融合治理等互动关系。高质量的产教融合协同育人活动可以有效推动职业教育乃至社会经济的高速发展，极大地满足老百姓对于美好生活的向往。非高质量的产教融合协同育人活动则会给社会经济、教育生态发展、老百姓发展需求等造成不良影响，制约社会的可持续发展。我们必须充分考虑实践活动中科学、技术、经济、社会和生态、资源等方面的制约，充分运用现代科学技术，在实践活动中加强多元主体融入，树立资源节约与生态发展意识，优化建构环节和技术，多出质量优良、经济效益高、生命周期长、社会效益好的实践发展成果。

九、高职产教融合协同育人共同体模式的效益性

育人实践活动都有明确的效益目标，实践效益主要表现为经济效益、社会效益和生态效益。也就是说，一个成功的育人实践活动，

不但在技术上是先进的和可行的，而且在效益上是合算的。这里所说的效益主要指社会效益。所谓社会效益，是指有效地利用有限的资源，用多元主体的积极性，用尽可能低的成本、尽可能快的速度和优良的建设质量实现预定的目标，对教育起到良好的促进作用并产生较大的社会影响。要做到社会效益上的合理性，就要优化设计方案、科学评价，进行系统综合平衡及产出效益核算，降低资源消耗，最优地实现实践活动的质量、投资、安全等目标，在社会效益、经济效益和生态效益上达到利益最大化。

十、高职产教融合协同育人共同体模式的风险性

育人实践活动也是有风险的。实践活动的安全性风险，是指产教融合协同育人过程中所发生的人才培养目标偏差、经济投入与社会市场不符等方面很有可能产生的损失。任何一项实践活动都是由多元主体建构的产物，都不可能是理想和完美的，必然存在或然性和多种风险，包括决策风险、经济风险、安全风险、技术风险、自然风险、环境风险、市场运营风险等。实践活动作为一个由诸多环节构成的过程，不同的步骤由不同类型的社会行为主体执行，每一个实施者和参加者都不可能对实践活动开展科学层面的极致操作，所以有可能造成实践活动难以达到预期的技术水平、质量标准等，这就会带来安全风险。产教融合协同育人活动往往需要主体参与、技术突破和集成化存在。由于现在科技实力和思维能力的限制，技术性的创新和融合有时候可能不能及时避开负面影响，这就会带来技术风险。现代职业教育利益主体呈现出多样化特征，会牵涉政府、投资者、建设者、管理者、周边民众等多方面主体的利益平衡问题，从而带来利益冲突加剧的风险。同时，实践周期一般都比较长，在实施过程中会受到政治、经济、法律等社会环境的影响，导致实践活动会出现大量不确定性因素，甚至会失败。

第四节　高职产教融合协同育人共同体模式的类型分析

一、校企合作视角下的高职产教融合协同育人共同体模式

（一）模式分析

校企合作主要基于制度邻近与社会邻近。制度邻近是基于制度的信任开展的、行为主体人群的交互与知识技术集体性传播行为，社会邻近是基于社会关系的信任开展的、社区区域邻近主体间的交互发展，两者的结合发展共同体越来越得到重视。在寻求高职产教融合协同育人的发展道路上，创新人才培养体制机制和科学化教学模式，为推进高职院校的新发展提供了有力的人才和智力支撑，制度邻近与社会邻近视角下的系统论理论是一个主动探索高职院校发展的理论模式。高职院校产教融合协同育人发展是一个复杂的系统工程，高职院校是主要承接专科层次学历教育的学校，当然本科层次职业教育也在走进我们的视野。高职院校产教融合协同育人创新发展是通过多元主体的联盟、多种形式的载体，借助品牌效应和规模效应，实现资源优化配置和创新发展导向，实现职业教育产教融合品牌化、规模化发展的过程。创新发展是高职院校的组织形式和结果。高职院校发展作为一个相对独立的系统工程，主体包括"政、行、企、校"等多方相关成员，他们参与高职院校建设发展的目的清晰程度、资源的拥有程度、定位的确定程度等都存在差别，但又彼此关联、互相作用。从系统论的角度看，这些基本要素共同组成了高职院校创新发展的复合共同体，共同服务于高职院校系统发展的整体目标功能。

作为一个系统工程，高职院校发展的核心思想就是系统的整体观。梳理高职院校的发展脉络，可以发现高职院校的发展实现了从起步到法律地位的确认、从规模扩张到发展模式优化、从示范引领

到创新发展的跨越式发展。高职院校发展是由该系统中要素与要素、要素与系统、系统与环境之间的相互关系引发的。在高职院校建设发展历程中，各类高职院校的发展速度惊人。特别是从国家示范院校建设到骨干院校建设，直至优质院校建设、"双高"院校建设，高职院校已经走上了创新发展的道路。在国家职业教育政策的大力推动下，高职院校发展尤为迅猛。2002年开展了全国职业教育工作会议以后，全国上下的相关部门认真贯彻落实《国务院关于大力发展职业教育的决定》。2006年教育部与财政部给出了发展建议——《教育部财政部关于实施国家示范性高等职业院校建设计划，加快高等职业教育改革与发展的意见》。随后，国家开始实行《国家中长期教育改革和发展规划纲要（2010—2020年）》，指出要加快高等职业教育改革与发展，进一步提高教育服务社会经济发展的水平与能力。《教育部、财政部关于进一步推进"国家示范性高等职业院校建设计划"实施工作的通知》明确提出要增加对骨干高职建设院校的建设，数量在100所左右。2015年教育部再度公布重要文件《高等职业教育创新发展行动计划（2015—2018年）》，2019年颁布《教育部 财政部关于实施中国特色高水平高职学校和专业建设计划的意见》，2021年中共中央办公厅、国务院办公厅印发《关于推进现代职业教育高质量发展的意见》，这些文件推进了高职院校与高职教育的前进步伐。

从上述国家示范院校建设，包括骨干院校建设、优质院校建设、"双高"计划院校建设等高职院校建设过程中一个一个标志性项目可以看到，高职院校的发展进程并不是孤立由高职院校单独执行的，而是充分利用高职院校发展系统中各元素间的业务关联和互补需求，实行资源优化组合，从而实现系统优化效益，延展高职院校的发展与创新。这些行动计划要求系统中各元素在目标和内容上形成统一认识，紧密围绕国家、地方政策，在经济社会发展中找到自己的定位，从整体观出发，以上率下，深化教育教学改革，创新体制机制，强调工学结合、校企合作的机制建设，创新行业、企业和院校共同参与的人才培养模式改革和管理运行机制，强调进一步改善教学条件，全面提升院校综合办学实力。

以系统论视角把握发展规律，不断深化高职院校的内涵建设，提升学校管理、教育、文化等内涵，实现高职院校创新发展。从当前高等职业院校发展的主要任务来看，高职院校深化内涵建设面临教育命运共同体、特色教育体系、教学科研人才中心等三大系统的创新和调试，它们既是高职改革发展的源头，又是高职全面适应社会经济发展需要的路径和动力。

（二）模式经验

1. 以制度邻近和社会邻近的系统论为引领，构建高职教育命运共同体

高职院校正在推进以现代大学制度建设为核心的发展，其表现为多元主体协同的高职院校治理体系的升级，以及与之配套的教育管理领域的相关制度的"废、改、立"。以系统论为引领，开展高职院校治理体系的发展，以形成高职院校内涵建设发展的主脉络，促进多元化主体的世界各国高等职业教育联盟的合作与发展，搭建高职教育命运共同体，发挥高职教育改革创新发展的新生关键能量。另外，在高职教育命运共同体的构建发展过程中，逐步从单一性的办学主体方式中走出来，以多元主体参与办学等开展现代学徒制、混合所有制等教育教学，升级传统一元化的教育教学评价方式。也即高职院校发展要从以往单一视角的、单线程的行进方式发展成为具有多元主体、系统化、全面发展的命运共同体发展模式，以焕发高职院校教育发展新风采。以多元治理主体参与高职发展研究与实践，搭建高职院校教育教学的合作发展框架，促进高职教育教学发展，推动政府、行业、企业等多方联动，实现人才培养的多维度对接以及多方教育治理主体联合共治的模式。

2. 以制度邻近和社会邻近的系统论为主旨，构建高职教育特色教育体系

特色教育体系是高职院校发展的关键之一，也是高职教育的目

的所在。以系统论为主旨构建高职院校教育发展系统是对高职教育本质的回归。高职教育存在的理由是高职教育在一定范围内对一部分群体的不可替代性。多元主体的合作办学以"政行企校社"等形式为主流，其吸纳了参与合作的多方先进资源、理念与机制。从这一角度看，具有混合化的特色发展，是以特色教育体系构建为主要结果的发展，在作用方面则表现为以系统化形式为高职院校教育发展创造更为适宜的基础环境，升级教育理念，驱动高职教育教学改革创新发展。显而易见，在熟悉的跨领域范围内开展多元主体合作特色化发展，还具有管理可控性，能够为高职院校的特色化教育体系带来跨界复合属性的发展，也为高职院校的特色教育体系的构建创造出更多的优势。同时，能以特色教育体系理论为武器来解决高职教育中的问题。高职教育处于特定的系统，通过改变系统中不同元素或元素中的属性，就能改善并促进高职教育的生存发展状况。

3. 以制度邻近和社会邻近的系统论为根本，构建高职教育教学科研人才中心

在科技进步与人才发展的实际进程中，需要将牵涉其中的各个主体成员进行整体性考虑，以系统论为根本，促进人才与科研的进步，使人才发挥最大的功能效应。这些成员身处跨界的行业领域与阶层，在各自熟知的领域中具有相关能力与水平，但对这些能力与水平的衡量标准并不统一，在一定程度上可以互相补充相关行业知识技能，是具有资源组合发展优势的，在构建教学科研人才中心的进程中将形成系统化的良性互动共生关系，从而引领高职教育与科研的共同发展。从整体来看，围绕高职教育发展的核心目标，政府无疑处于高级层次，其中创新发展事业的核心单位，如高职院校本身、行业及密切合作的企业可确定为一级元素；一般性合作交流的高职院校、企业定为二级元素；对系统产生的实际影响程度较低的，则定为三级及以下元素。这些要素协同发展、有序运行时，就能促进科研内生稳定、创新发展。反之，则会引起内部结构与外部环境的变化，影响创新发展。

（三）模式发展

党的十九大报告明确提出"建设教育强国是中华民族伟大复兴的基础工程"，党的二十大报告则提出"教育、科技、人才是全面建设社会主义现代化国家的基础性、战略性支撑"，要"办好人民满意的教育"，赋予高职教育内涵式发展的使命。高职教育发展势在必行，也是新时代高职教育转型的诉求。未来几年，高职院校的创新发展可以面向校企合作、产教融合方面的体制机制发展，同时还将带动专业建设、人才培养模式创新、师资队伍与领导能力建设、社会服务能力建设等方面。狠抓出实效，建设出成效，在这些方面的突破将实现五个领先：领导能力领先，办学综合水平领先，人才培养与师资团队水平领先，教育教学改革领先，社会服务领先。

高职院校发展是一个比院校发展相对精专的概念，其发展过程中更加注重宏观调控与监督管理，体现出高职院校教育事业体制机制改革的逻辑，总体而言更为注重发展理念、主体、目标、原则等层面的多元主体多向度管理。在复杂多元的发展过程中，高职院校发展领域倾向于问题导向、实践指引，注重平等、调和、互动甚至博弈。展望未来，高职院校发展领域一方面将不断寻求高职教育理论的发展，另一方面还将继续推进实践操作层面的应用研究。基于创新发展的视角，主要从大学章程规范、协同创新等方面提出该领域的发展建议。

第一，以大学章程为规范，促进高职产教融合协同育人创新发展。大学章程是高职院校内部的"宪法"，是系统内各元素之间共同遵守的基本规范，应将大学章程作为高职教育发展这一系统内部各相关发展主体、发展机制、发展体系、发展技术等元素之间共同遵守的基本规范。未来创新发展将依照大学章程办事，对常务理事会负责制下的各相关"元素"进行实施、监督、考核等，并据由实际情况制定完善各项管理规章制度，逐步在高职教育发展领域就实践、监督、考核等方面形成系统、科学、具体的工作规范。

第二，以协同创新为契机，推进高职产教融合协同育人创新发展。多元主体参与创新发展，促进技术技能的积累和发展，推动"政、行、企、校"多方联动，实现新技术新产业与高素质技术技能人才的对接。推进高职教育发展技术平台的整合与人才群体的关系构筑，充分发挥高职教育发展生态系统评估工作对协同创新发展的推动作用。基于云计算、大数据、人工智能等技术平台，以人才群体的智力集群，开展高职教育发展协同创新研究，解决跨学科边界问题，开拓多学科交叉研究；基于区块链、大数据等技术力量，实现相关信息、数据、资源、资金等透明公开运转，形成人才群体的协同创新发展合力与合作共赢关系链。依据高职教育发展生态系统的综合承载力、发展力及治理相关元素的执行力、创新力、监管力等进行量化评价与创新情景模拟，并开展相应的反馈与调整，推进高职教育协同创新发展的步伐。

二、校地合作视角下高职产教融合协同育人共同体模式

（一）模式分析

校地合作中主要包括技术邻近与认知邻近两个层面。技术邻近，顾名思义，是行为主体之间的技术消化、应用、传播之间的交互发展。认知邻近是基于认知交叉带来主体之间新旧知识体系更新的发展过程。两者的融合产生新的共同体模式——校地合作。校地合作就是指高校在地方政府合作架构下，政府以及有关社会团体如公司、科研院所、行业协会、机关事业单位在人才的培养、科学研究、社会服务、传承创新等多个方面进行合作。大学和地方的合作也即校地合作，能够促进大学和地方深度合作。大学可以和本地公司、市场和科研院所合作。与一般的校企合作、校校合作、校所合作、校园合作不一样，校地合作必须有地方政府参加，如新项目制订、资金分配、战略制定、多边合作联络、项目实施等。

高校和企业、行业、科研院所的合作是高校与外界合作的重要方式。其中高职院校底子相对薄弱，社会资源少，院校合作效果不佳，合作质量低。在校企合作框架内，当地政府的大力支持极大地

提高了合作的质量。现阶段，在我国创新发展的过程中，高职院校逐渐成为中坚力量。在国家规划布局下进行校地合作，可以塑造技术技能型人才，大幅提高高职院校服务地方经济的能力和水平。

通过几十年的大力发展，高等职业教育早已在中国教育发展中占据举足轻重的地位。在我国大约有1.26万所职业院校，其中高职院校为1466所左右，这些高职院校培养的学生约1400万人，是巨大的人口红利，为中国经济社会迅速发展作出了不可磨灭的贡献。

伴随着经济社会的迅速发展，职业教育的多方面难题也显现出来：现阶段高等职业教育无法完全融入我国经济社会发展的现实需求，职业教育体系并不十分科学，教育质量方面有待进一步提高，还存在部分院校教学设施欠缺、体制机制发展不够完善、欠缺精准的人才培养计划等问题。

为了方便解决我国技术技能型人才紧缺与我国高等职业教育发展不均衡的现况，在产业结构转型、深化改革的年代，国家落实新发展理念，把职业教育摆在更加突出的位置。2014年推出了《国务院关于加速发展当代职业教育的决策》。李克强总理于2017年3月在《政府工作报告》中明确指出要"做好公平公正教育资源""加速发展当代职业教育"。中共中央、国务院为建设好职业教育强国、实现中华民族伟大复兴，为中国职业教育再上新台阶做出部署，很好地促进了我国职业教育的发展。浙江省教育厅在教育部《高等职业教育自主创新发展行动计划（2015—2018年）》的指导下，制订并下发了《浙江高等职业教育自主创新发展行动计划（2016—2018年）实施意见》，对浙江高等职业教育改革创新的发展进行了重点部署，主要包括优质高职院校的高质量建设任务。2020年，浙江省教育厅、财政厅发布《关于组织开展高水平职业院校和专业（群）建设工作的通知》；2021年，浙江省教育厅印发《浙江省职业教育"十四五"发展规划》。浙江建设高职院校便是在这样的大环境下进行的。

（二）模式经验

1. 技术邻近和认知邻近的"校地"合作办学典型模式

在高等职业教育逐渐走向全民化发展的大环境下，伴随着《教育部关于全面提高高等教育质量的若干意见》《高等职业教育改革创新计划（2015—2018年）》等的陆续执行，校地合作成为创新发展的研究重点。"校地"中的"地"是指地市以下的地方政府部门。已经与地方创建合作联系的高职院校，以地方政府和地方政府部门合作为主导，与地方下属企业合作正常情况下归属于"校地"合作的范围。"校地"合作办校，是工学交替方式的进一步深化，为全面塑造应用型人才、自主创新地方技术技能人才培养方式、推动高校建设提供了新思路。在实践中，不少高职院校已有相关探寻。例如，浙江商业职业技术学院"校地合作"、浙江工商职业技术学校"县校合作"、浙江工业职业技术学校"产业基地同盟"。

现阶段，校地合作办学方式主要包括以下几种。一种是以高等院校为主体的合作办学方式，即高等院校机构引入公共资源，搭建科技教育协同服务平台，如浙江商业职业技术学院圆通学院。二是共创合作办学方式，以合同书的签订为执行依据的实质性合作，以法律形式要求利润分成和承担各个方面风险，如清华北京协和医学院。三是创建联营模式，融合彼此资产网络等资源，共创合资企业，如浙江电子商务学院等混合制改革的学院。

在这三种方式中，混合制改革的学院尤其引人注意。宁波市校地合作办学实践探索研究在浙江省居首，表现突出。除宁波卫生职业技术学院外，其他5所高等职业院校均实行了"校地合作"和"县校合作"。

但理性地说，目前校地合作教学的执行还存在一些问题。很多高等院校合作办学形式单一，方法和方式有待改进。导致这些问题的因素很多，有关教育教学理论研究的落后是主要原因之一。从某种程度上说，有关研究还处在初始阶段，有关实例研究层次不深。

2. 技术邻近和认知邻近的"校地"合作办学的功能设定

以优质高职院校建设为例，其是继国家示范高职院校和国家技术骨干高职院校基本建设以后的一项大措施。其主要任务是以三年的基本建设，进一步优化高等职业教育管理体系、人才培养模式，提升总体办校实力，大幅度提高高等职业教育能力和为区域经济服务的水平，进而建设一批国内外具备知名度的高职院校。因此，"校地"合作办学的发展方向可以归纳为三个方面。

一是为国家职业教育发展创新战略服务。时任我国工业和信息化部部长苗圩在"中国发展高层论坛2017"上剖析了制造业人才有关问题，揭出了"优秀人才过剩"和"招工难"的矛盾。处理这一矛盾，地方政府、高等院校等方面必须共同努力。对地方政府而言，与高校合作有助于产业结构升级和社会经济发展。对高等院校而言，与地方政府深层次合作办学能够得到更多社会发展资源，有助于更好地服务国家职业教育发展创新战略。

二是构建高等职业教育服务地方经济社会发展的新模式。现阶段，全国各地一共有高等院校1400多家，分布于300多个地方区块和2800多个县市级区块。浙江磐安县、景宁县等高等教育资源匮乏地域，GDP排行靠后。校地合作办学能够满足这样的地方政府对高等教育资源的需要，有益于搭建更好的服务地区经济社会发展的新模式。

三是打造技术技能人才培养的摇篮。以浙江商业职业技术学院校地合作办学的发展为例，浙江省作为互联网行业的创新创业高地，涌现出一批互联网技术特色小镇。作为电商大都市，杭州的电子商务产业已连续多年一直保持30%以上的高速发展。学校产教融合协同育人有益于满足电子商务领域技术技能人才培养的具体需求，为杭州市、浙江省乃至全国校地合作办学提供参照。

（三）模式发展

基于技术邻近和认知邻近的校地合作办学的开创性发展，要针对当前建设的要求，从高职院校优势、特色下手，注重启动具备可持续性发展潜力、办学效益产出较好的建设子项目。

以浙江商业职业技术学院的校地合作为例，学校以建设国内一流、商科特色突显的高职院校为主要目标，建设创业创新和优势商科知名品牌，突出本身优势和特色。因此，一方面要从提升内力、资源配置的情况来建设；另一方面，要切实做好自主创新，搭建服务平台，提升建设效益。

浙江商业职业技术学院在校地合作办学实践中，关键是实现"用技术与认知的邻近网络提升内力"和"用创新创业推动并搭建服务平台"，主要表现为以下几个方面：

第一，提升内力。从校地协作跨界营销、跨组织培养技术的角度，进一步推进校地协作，努力将办校与培养商科人才的发展理念紧密结合，提前布局。融合高职院校创新发展计划和高职院校高质量发展建设方案，推进电商、跨境电商、进出口贸易等多个方面产教融合，"政、政、企、学"一同探寻协作发展新型模式。

第二，资源分配。从校地合作实践的角度，从移动云教育、大数据教育等"互联网技术"建设项目下手，科学研究校地合作的文化教育资源合理配置与合理利用，搜集商业类高职院校课程内容大数据，以培养未来商业人才。

第三，自主创新。从校地合作跨界培养核心理念考虑，充分发挥创业学院、众创空间等创业创新的资源聚集人才和内部创造性发展的作用。形成专业融合，搭建分层次的基于互联网的全真性实践教学方式，培养商科专业创业创新人才。

第四，拓宽渠道。从校地合作网络资源共享、互惠互利、协同发展的视角搭建"互联网技术"实践教育平台。该系统实现了多终端分享、全平台共享，为"互联网技术"环境下的高等职业教育提供了平台和支撑，逐渐构成了完备的实践教育与管理体系。

2017年，浙江第一批100位"浙江工匠"问世。浙江省总工会公布，计划在10年之内塑造1000名"浙江工匠"，建设一支可以融入浙江制造业发展、经济发展转型升级与实施"中国制造业2025"标准的学习型组织，且具有高素质和专业技能的人才队伍。大力推进专业技术技能队伍建设是浙江经济转型发展的前提。浙江省统计局数据显示,2021年浙江省GDP达73516亿元,比上年增长8.5%,主要经济指标总体呈现平稳态势。产业结构持续调整优化,三次产业比重调整为2.2∶42.1∶55.8。新产业、新技术、新产品、新业态、新模式和新服务,在全面落实创新驱动发展战略的背景下,快速成长,保障了经济平稳态势,而经济转型发展催生了中高端技术技能人才的需求。

高职院校高质量发展是促进创新发展的关键所在,发展"双高"院校是促进"十四五"持续发展的关键点,是在以往建设过程中打造出全国一流甚至世界知名职业教育品牌的突破点。因此,我们应该紧紧抓住高职院校发展的关键建设机会,以产教融合协同育人共同体模式的建设为切入点,为推进创新发展、锻造职业教育品牌作出相应的贡献。

本章小结

本章先从高职产教融合协同育人共同体模式的理论审视出发,阐释多维邻近性理论分析框架;接着从高职产教融合模式、高职产教融合共同体模式、多维邻近性视角下高职产教融合共同体模式三个部分,阐释其中的微观、中观及宏观层面模式的基本内涵,辨析其中的边界关系;然后进一步说明多维邻近性视角下高职产教融合协同育人共同体模式的复杂性、继承性、创新性、科学性、实践性、规模性、社会性、生态性、效益性以及风险性实践特征;从模式分析、模式经验和模式发展三个层面论述校企合作、校地合作等视角下高职产教融合协同育人共同体模式。从多维邻近性视角下高职产教融合协同育人共同体模式的理论审视、基本内涵以及实践特征、类型分析四个方面分析高职产教融合协同育人共同体模式的基础理论。本章通过系统分析高职产教融合协同育人共同体模式的相关理论与内涵,加快构建多维邻近性视角下高职产教融合协同育人共同体模式的理论框架,为实现职业教育治理现代化、助推职业教育产教融合发展提供理论层面的思路参考。

第四章

多维邻近性视角下高职产教融合协同育人共同体模式韧性发展的创新设计

第一节 高职产教融合协同育人共同体模式韧性发展的现实意义

一、理论层面打破学术与职业二元对立的关系

在描述高职产教融合协同育人共同体模式创新的现实意义之前，先得弄清楚韧性发展的基本实质。可以说，该模式在系统性方面更为完善，能实现更全面综合的育人发展；在便捷性方面，该模式则表现为在育人主体的多元关系层面协同更为便捷；在精准性方面，表现为弹性适应新时代协同育人的新要求。

从高等职业教育办学质量和产教融合协同育人的培养类型等几个维度来看，许多高职院校把自己办学类型定位为教学实践型和教学科研型，也即从教学的本体出发开展教学实践与教学研究活动，这与以塑造具有面向市场生产一线的高素质技术技能的专业人才为己任的高职院校人才培养模式的发展需求还具有一定的差距。高职院校产教融合协同育人观念是对现有学术及职业等二元结构的创新，确立高职特色的发展位置。从学术角度观察，学术和职业含义并不一定是对立的，二者还有一定的渐进发展的关联性。我们国家的学术与职业存在对立的现象，主要体现在就业期间就业市场、企

业等对文凭的差别化对待上，已逐渐展现出愈演愈烈的异化现象。高等职业院校通过产教融合协同育人发展，在一定程度上可以突破学术性与职业性的发展壁垒。

依据联合国教科文组织的《国际教育标准分类法》（1997）的种类划分，序号4表示中学后的升学预科教育，序号5是专科、大学本科等教育，序号6表示博士教育。在其中序号5还可以分为5A理论型和5B技术技能型。5A分成5A1型和5A2型，前者等同于我们国家的学术型高等教育，相对应的是综合性研究型大学；5A2型学校等同于我们国家的应用型高等教育，相匹配的是跨学科或专业型高校或学院。5B相当于我们国家的高等职业教育，5A1至5B间的5A2型高校对应中国的应用型本科院校。在全世界范围内，尤其是发达国家或地区，高等职业教育得到了相当程度的重视。高职院校产教融合实际上完成了理论与实践、科学研究与专业的完美结合。从理论上看，高职院校优化了高等教育的类型结构，确认了高职院校的精确发展定位，促进了职业教育科学规范发展。

二、实践层面顺应全球化职业教育竞争力发展的需要

从全世界范围来看，开展产教融合协同育人，是中国高等职业教育与国际接轨的重要环节，也是国内职业教育提高竞争能力之所需。20世纪90时代，全球高等职业教育行业出现了一些趋同的态势，最引人注意的是一些比较发达国家和地区的大学主动升格为理工大学或应用技术大学，但高职教育升格的方式则有所不同。德国、荷兰等地依然秉持高等职业教育的特征，走应用型教育之路，大多数升格为科技大学或应用技术型大学。这些高校在办校进程中主要表现为在实践中主动与行业企业公司等深化合作，既保持建校特色，又保持办校质量，成为社会经济发展不可缺少的教育类型。相关高职院校还与科研型大学交互发展、互相映衬，推动一个地区乃至整个国家的发展。相反，英国在此方面的经验教训却耐人寻味。1993年，英国将35所专科学校统统升级为科技大学。可是，大学的特性

逐渐出现了变化，慢慢走向一般大学和综合学术型大学。这些高等院校一股脑地涌进学术研究领域，使得积累的应用型发展地位、教学质量与声誉逐渐失去。

全世界经济一体化发展的背后是全产业链经济发展，其本质是要参与全球产业的分工。这就必须具备一支符合经济社会发展所需的优秀人才团队，一支可以在国际市场中参与竞争的专业队伍和工匠团队。高校务必担负此项重任，制定发展核心竞争力的战略规划并具体实施。在全力发展高职教育的过程当中，可以参考其他国家高职教育发展的经验和教训，推进产教融合协同育人发展规划，坚持产教融合的特色发展，坚持与行业企业协同育人的模式，集中有限的资源，保持和凝练自己的优势和特色，全力提升核心竞争力。

三、路径层面表达出中国高等职业教育发展的实践选择

由于高职院校的发展是一个长期渐进的过程，高等职业教育发展应该注重对于高职教育发展状况的思考，注重对现阶段高职教育趋同化现象的矫治和客观实践的重归。在具体实践层面，产教融合协同育人又为高职教育的发展提供了方向。如上所述，现在不少高职院校已经开始转型升格，有的已经升格为本科，有些新开设了大学职业本科专业。高职院校如此发展的定位是什么？如此舍弃原有底子是好方向、好办法吗？是学术化、体系化、职业化发展，还是继续坚持不懈开展产教融合协同育人的办校发展特点，这也是很多高职院校发展中急需解决的难题。根据对高等职业教育的回望和跟踪，我们不难发现国际性高等职业教育发展的经验和教训。高职院校一定要走产教融合协同育人之路，与行业企业公司等密切合作，服务经济社会与相关产业的发展，进行专业与产业、行业的协同发展，推动高等职业教育前行。唯有如此，才可以改变传统的职业教育体系，采用差异化发展的职业教育发展战略，实现互利共赢，获得更加好的发展机会和更多的发展机遇与空间。

四、建设层面表现为区域社会经济增长的推进器和支撑器

高职院校多归属于地方管理范围，从某种意义上说地方政府机构（教育行政管理部门）等同于地方高等职业院校的投资者和管理者。因而，高职院校是具有独特的地方性的。为了获得地方政府以及社会更深层次的助力，在人才培养、科学研究、社会服务等方面以地方社会经济为核心展开行动。在实际办校过程中，高职院校科研实力相对有欠缺，财政科研经费也偏少，因而要聚焦人才培养这条主线，在招生和人才培养层面必须狠下功夫。一般来说，省内招生占比一直较高，有些高职院校很有可能超出90%。在课程设置上，高职院校要紧密结合地区经济社会发展需求，特别是区域经济发展过程中产业转型升级和产业结构升级的需要，根据产教融合等多种形式，主动与行业企业公司开展相关性合作；就高职大学生就业而言，大学毕业生除了一部分人的技术专业受到学生本人出生地点和所学专业的影响外，一般大多数都在学生学习所在地就业。高素质高水平的优秀人才对于地方社会经济发展的推动作用也是由高职院校培养的人才种类和能力决定的。从总体上看，高职院校不但高度重视学术研究，还十分重视学生职业能力的提高。学术研究与职业技术技能两个方向与类型的相互融合，使得高职院校毕业生不仅具有应对地方经济社会发展、地方产业结构升级与产业布局、生产安全管理第一线以及处理具体技术难点工作的能力，还能立马投身到推动地方经济社会发展和地方产业结构升级的实践工作中来。

事实上，大家在注重加强高职院校与行业企业公司紧密配合的过程中，也应当与地方政府合作与交流。例如，当地政府可以与高职院校在利益共享体制、育人体制等各个方面实现合作共赢。这就需要在教育资源配置、文化教育质量评价和平台项目建设上向高职院校、政府与企业产教融合协同育人提出建议。因而，政府不仅仅是高职院校的领导者和管理者，也是高职院校教学实践的关键参与者。

第二节 高职产教融合协同育人共同体模式韧性发展的实践要求

一、高职产教融合协同育人共同体模式培养原则的共性要求

高职产教融合协同育人共同体模式韧性发展的实践要求主要体现在其对应的高素质技术技能人才培养的原则与要求上。关于产教融合协同育人共同体模式的高素质技术技能人才（也即优秀人才）标准，总体来说，可以从价值导向、知识授予、能力培育三个方面来考虑。专业培育的依据是专业培养计划的细化内容，也就是从品行、知识、能力等三方面来优化人才培养的总体目标和要求。其中，要确定本专业培养的关键知识和关键能力、高职院校专业技术特性等重要内容。高职院校已有的产教融合方式多种多样，然而部分描述缺乏可操作性，如宽口径、能力强、素质好、全面、全方位；专业性强，多规格、知识面广、基础厚实、自主创新能力和融入能力强、应用广泛、高质量、重视品德教育等。明确高职院校产教融合的人才培养原则，一定要考虑高职院校产教融合协同育人的关联性要求，以及所在院校在该专业上体现出来的差异化优势，这也是相关专业培养计划设置中尤为重要的一个环节。

高职产教融合人才培养的原则对于任何一类技术专业来说，不论其专业特性怎样，都需集中塑造高等职业院校专业性优秀人才，提高人才培育效果。

（1）素质方面的共性规定要求。素质是指由外部所获得的知识和技能内化于人的身心所产生的较为稳定的质量与素养。高素质不但能充分发挥知识与能力的作用，而且能进一步扩大知识和能力。素质是一个综合性概念，包括意识层面素质、业务流程素质、人体素质、心理状态素质。高职院校产教融合人才的培养素质规定则包含基本的职业素质与专业的职业素养。基本的素质是指具有较好的公共道德、观念素养，以及较好的身心素质、学习素养。专业的职

业素养与工作责任心有关，是指具有较高的岗位使命感、认真细致的工作态度和踏实工作的态度，有工作制度和操作规范，有用心提高工作能力的观念，具有较强的开拓精神，勤于思考工作流程与质量，具有团队精神，善于团结合作的素质。

（2）知识方面的共性规定要求。在知识、能力和素养三个要素中，知识因素是最底层、最根本的要素，是从源头决定能力和素质的因素。高职教育的全过程实际上是教育者通过一系列实际教学内容传授给学生知识和技能，让学生本人创建某类知识结构的全过程。知识的广度、宽度和深度从根源上直接影响知识的构造。知识构造不一样，能力结构和素养也不尽相同。高等职业教育人才理应掌握专用工具知识、人文社会科学知识、专业技术知识等。其中，专业技术知识和职业方向知识是高职教育人才应把握的关键知识。专业技术知识是高职院校优秀人才首先要了解的基础知识。这一要求在教育部专业文件名称和专业标准里面都有所体现。专业知识是完全可以应对职业或岗位发展的知识，是高等职业院校优秀人才知识管理体系的重要体现，包括基础理论知识和实践知识。相关专业知识是优秀人才应对社会发展、处理专业难题时必不可少的能力。在依靠单纯单一专业知识无法解决问题时，必须使用多专业、跨专业知识，如当前学习财务会计专业就和以往传统学习方式不同，必须拓展学习大数据技术、社会经济学、应用统计学等相关专业知识。

（3）能力层面的共性规定要求。在高职教育产教融合人才培养标准中，能力是重点因素。学生也不是为了知识而学习知识；知识的学习培训主要是为了获得能力和优化能力。有能力的人能通过某类知识进一步得到知识与创新知识，并在这个过程中提高自己的综合能力。能力是评价人才使用价值的重要标尺。高等职业教育优秀人才必须具备专业技术技能的应用能力和开发能力。专业技术技能的应用能力包括专业基本技能和专业核心应用能力两大类。专业技术技能是指进行专业工作中需要或应把握的专业能力水平。专业技术技能的应用能力是指专业知识灵活运用和从事日常任务时所具有的综合能力。专业基本技能是专业核心技术能力的重要支撑点。各专业行业要确定培育的人才应当具备怎样的专业运用能力，随后按各专业能力设定对应的课程和实践探索方式，这也是在构建相应的矩阵对应关系。例如，高职会计专业强调学生要把握财务会计和财务管理的基本理论与知识技能，学会财务会计、成本控制、决策管理、纳税申报与计划方案、审计与财务审计等多个方面的专业技能，具备处理一般机关事业单位和政府财务工作的基本能力。其并不强调某一具体专业与职业专业技能，而是指融入不同职业的适应性能力。即使职业发生了转变，技术工作者的这种能力仍能充分发挥，在某些场合这种能力还被称为知识与技术的转化发展能力。这类能力可以理解为岗位间发展的能力，也可以是迁移能力。例如，搜集分析信息的能力、组织活动的能力、表达和沟通交流的能力、团队协作的能力、思考和解决困难的能力等。

二、高职产教融合协同育人共同体模式培养原则的具体要求

高职院校产教融合协同育人共同体模式韧性发展的直接观测点是高素质技术技能人才培养的质量，而高职院校产教融合的高素质技术技能人才在专业知识、专业技能素养层面有相关规定，也即由上而下贯彻到专业人才培养中、落实产教融合协同育人共同体模式的具体实践，由下而上又是从专业人才培养的模式改革情况来稳固院校层面的产教融合协同育人共同体模式的韧性发展。但是，由于专业间培养目标不一样，专业知识、技术技能、素养上的具体要求也是不一样的。此外，即使是同一个专业，在不同类型的高职的培养目标也是不一样的，专业人才培养的原则也不尽相同。因而，讨论高校产教融合人才培养原则务必落实到具体的资深专家的身上。专业树立标准的差异不难理解，但在人才培养实践过程中，不一样的高校对同一专业具体培育的原则存在认知上的差异，同时还非常容易流于形式，出现雷同。相关要求由院校和专业带头人进一步明确，实际上应依据学校的类型、培养目标或专业发展要求来精准化

确定其培养目标，并且从包含课程内容在内的全过程管理体系来整体设计并实现。

例如，浙江商业职业技术学院电子商务学院设置电子商务（中美合作）专业，该专业培养目标表述为：本专业是浙江商业职业技术学院与美国东北州立大学合作举办的电子商务专业高等专科项目，由中美双方合作并引入电子商务企业共同办学。本专业引进美方人才培养方案和课程标准，同时结合"中方电子商务专业"所必需的相关课程，重视跨文化意识和国际交往能力的培养。合作办学的美方院校为美国东北州立大学，历史悠久，成立于1851年，是俄克拉何马州主要的大学之一，获美国中北部高校协会、国家教师认证协会、俄克拉何马州认证中心所认证和推荐，同时也是教育部首批承认的境外正规州立高等院校之一。美国东北州立大学授予54项学士学位及24项研究生学位，认可本专业的部分美方课程学分，可以有效节省学生在东北州立大学专升本的留学时间与成本。本专业的所有课程的教学全过程接受中美双方严格的动态监督和评估。该专业的主干课程包括：电子商务基础、国际经济与贸易、图形与图像处理技术、微观经济学、管理原理、财会基础、跨文化交流、商务数据统计、管理信息系统、商务交流、市场营销原理、消费者行为、跨境管理、网店数据化运营与管理、内容运营、视觉营销、互联网营销与策划、网络客户服务与管理、跨境电商零售实务、智慧供应链管理、商务数据分析技术、"双十一"电商实战、顶岗实习、职业技能等级认证等。该专业的职业定位：主要适应电子商务职业岗位群。面向生产、流通和服务等领域的国际化经营企业，从事网店运营、商品采购与销售管理、营销活动策划与推广、网络客户服务与管理、内容运营、商务数据分析等相关岗位。

第三节　高职产教融合协同育人共同体模式韧性发展的培养目标

一、高职产教融合协同育人共同体模式的总体目标

高职培养的人才应具备三个特点：一是要掌握专业技术基本原理，具备具体使用的能力。高职人才注重产教融合发展，其知识构造是围绕生产制造现场实际需要量身定做的，注重根基好、完善、适用的知识，注重以能力塑造为培养本位，能力不仅指职业能力，也指适应能力。职业能力不仅指技术专业能力，也指综合能力；不仅指学生就业能力，也指一定的创新创业能力。二是这些人才从事的工作层次高于纯技能型人才的工作，又与科研型不同，归属于中层水准。三是这群人能够为我国长久发展核心竞争力贡献力量。因而，高职人才是可以把自己专业技术知识与技能用于所学专业的社会实践活动过程的人才，是掌握经济活动或社会实践活动知识与技能的人才，主要是面向一线生产制造的技术技能专业人才。塑造高职人才的重点就是使之拥有丰富的技术技能专业能力、科学合理的知识和能力构造、终身学习和持续学习的能力。

高职人才培养目标的确定要参照高职专业认证的具体实质要求，教育工作人员一定要对学生毕业时要实现的能力和水平有明确了解，随后寻找适宜的课堂教学逻辑方案，帮助学生完成并实现这种预期效果。学生这一群体从知识技能的获取前后情况来看，属于教学产出的成果。在教学过程中，学生并不是单纯从教材与教师经验等获取知识技能，形成职业教育运行系统的驱动力，与传统具体内容驱动、项目投资驱动的教育仍有很明显的差距。从这一实际意义来说，高等职业院校教育方式可以理解为是对教育方式的突破。

高职人才培养目标体现为高职和产教融合的属性。高职是指人才的综合水平是高等职业教育，侧重技术技能素养标准的构建，是扎实知识基础、渊博学识和健全人格的归纳，这些人才在理论上发展后劲足。技术技能型应用人才培养的目标要紧密结合地区产业发

展，切实培养产业发展紧缺的各种技术技能型应用专业性人才。地方高职院校工商管理类专业的总体目标是为产业界的行为主体培养高素质的技术技能专业管理人才。面向一线职业发展并倾向于能力培养是其最基本的培养目标。此方式培养的专业人才，规定其具有核心的专业知识与较好的技术技能，即了解充足的专业知识，把握基础专业的实践技能水平。最重要的是有专门的能力和素养。其长远目标是为区域经济发展、社会产业发展作贡献。

二、高职产教融合协同育人共同体模式培养目标的类型与特征

鉴于地方高职院校类型繁多，为了能确立高素质技术技能型人才的培养总体目标，以"专业—领域—职业"链条为视角来展开分析。如以高职工商企业管理专业为例，包含工商企业管理、营销推广、财务会计、财务会计、国际金融、人力资源、财务审计、资产报告评估、物业管理服务、工业管理等专业方向，每个地方高职院校依据自身的实际和主要的服务方向又可以有若干个侧重点，每个侧重点又有适合的岗位群，每个岗位群又有不同的岗位。由此形成了"专业—领域—职业"链条层级，在数量上有所增加，在规格上慢慢变小，各大高校人才培养的任务也因为专业和岗位的不同而不同。高职院校可以从专业目标和职业视角设定专业，明确专业人才的培养任务和规格，将培养计划细化。

依据地方高职院校的实际情况，高素质技术技能型人才的培养总体目标可分为复合应用型、行业应用型和专业应用型三类。复合应用型中的复合主要是指专业知识和基本技能的集成方式，也是指由单一专业交叉而引起的复合专业，这里不指专业大复合。工商企业管理等人文类专业更倾向于复合应用型人才培养，注重培养复合型能力和综合型水平。行业应用型倾向于专业应用实践。其核心特征是课程与职业紧密结合，重视专业知识、经验知识和工作步骤知识传授，培养专业运用能力和专业素养。信息内容、土木工程、化

工等专业更倾向于培养这类优秀人才。专业应用型侧重与初入职场工作的契合度，将重点放到职业发展上。不但要重视知识传授，而且还要重视专业技术技能课程的学习，培养职业信仰。同时，还应根据专业的特殊性开展具体指导，如社工、旅游管理等相关专业。

三、高职产教融合协同育人共同体模式培养目标制定的基本流程

高素质技术技能型人才的培养目标制定一定要借鉴 OBE 理论，以产出成果为导向，逆向设计、正向实施，要基于三螺旋理论协同制定培养目标。培养目标是纲领性的要求，统领学生的知识结构、能力结构，统领课程设置、实践安排，统领教学手段、教学资源。因此，制定好培养目标至关重要。一般情况下，应按照下列流程制定。

1. 明确学校的办学定位

学校的办学定位就是办学的大政方针，简单地说，就是要明确学校属于科研型高职院校还是教学实践型高职院校，或者教学科研型高职院校。对于大多数地方高职院校而言，一般把自己定位于教学型高职院校，即技术技能型高职院校。

2. 明确学校的人才培养目标

基于技术技能型高职院校的办学定位，人才培养的目标就是面向社会经济发展主线，培养高素质技术技能专业人才。其关键是体现在"技术"和"技能"，"技术"强调知识结构，"技能"则强调实践处理问题的能力。

3. 明确知识结构、能力结构

办学定位、培养目标、知识和能力结构完整构成了人才培养目标体系。知识与能力结构的上位是培养目标，下位是课程设置。完整的人才培养目标体系的确定需按照 OBE 理论，进行反向设计、正

向实施，使课程体系支撑知识结构、能力结构，进而使得每门课程的学习都要与知识和能力结构相呼应，最终达到培养目标的要求。因此，人才培养方案是一个完整的体系。其中要特别明确核心知识和核心能力。

四、高职产教融合协同育人共同体模式的专业培养目标的内容设置与明确

1. 专业培养目标的内容组成

一般来说，专业培养目标有四个组成部分：一是培养方位。一般是某专业培养的专业人才在未来所处的发展类型或领域；二是培养规格要求与特色，是指不一样的专业面向将来所展现出来的不同要求，如逻辑性和实用性、合理性和技术性的差别。三是服务范围。服务范围是指培养学生们的业务范围，往往指基于某一领域、某一区域或全国各地开展业务。四是标准与规定，是指德、智、体、美等多方面的具体要求。

以浙江商业职业技术学院财务会计专业培养目标为例，其培养目标是：德、智、体、美全面发展，具备人文素养、创新精神、责任感、全球视野和诚实守信，把握财务会计、管理方法、经济发展、法律和计算机技术的基本知识，推动未来职业规划、社会经济发展、实践技能、内隐观念和创新思维能力；沟通能力强，可在工商业、银行业、证券业、政府机构、机关事业单位等有关部门开展财务核算与管理等方面的工作。

2. 基于行业标准的专业人才培养目标的明确

通过制定行业标准，一方面有效发挥相关部委等行政主管部门和相关行业协会作为大学和市场沟通中介的作用，可以有效地提高劳动者在行业内的社会发展认同度，为高校毕业生的后期发展拓宽路子，同时也为高校培养高素质应用型人才指明方向。下面以财务会计专业为例进行说明。

（1）行业标准的指引作用。我国会计行业规范主要包括财政部出台的会计准则、公司会计等制度，用以具体指导会计人员解决会计事务。会计行业准则管理体系包含两部分：一是我国的会计准则，二是会计工作规范，就是会计技术性职称评审规范。会计人员学习培训不能局限于高校，而是一个终身学习的全过程。从会计行业准则管理体系看，高职院校培养的学生并不是能够完全融入相关工作岗位、理清各种各样经济事项，精确、有效、公正处理各种各样经济事项的会计技术专业佼佼者，而属于适应现阶段和未来经济发展的潜在性会计专业性人才。随着全球化的高速发展，我国会计准则慢慢与国外财务报表规则趋同化，会计准则内容也从原来的规则方位转变成标准方位。会计准则上只展现了分辨标准，并没有详尽明确的量化指标，其中的隐性知识愈来愈多。隐性知识无法清楚表述，只可意会不可言传，只能依靠实践活动得到。会计准则的隐性知识使会计人员具有较强的岗位判断力，这也很难通过课堂教学来获得。

（2）专业技术人才培养计划的实践作用。高职财务会计专业培养的人才，适应市场经济建设相关要求，务必具有人文素养、创新精神和诚信友善品质，掌握财务管理、经济发展、法律和计算机技术等知识和能力，具备实践活动能力和交流能力，在商事主体、金融机构、中介公司、政府部门、机关事业单位等部门从事财务会计和有关工作。财务会计专业具有复合应用型人才培养要求，应用型是人才的培养基本原则。复合型人才的培养要求学生融合跨学科知识，具有跨学科知识视野和逻辑思维。其中实践导向型人才的培养规定学生要把握世界最前沿技术技能方式，把握国际经济合作机制和政府会计准则，具备国际视野、英文社交能力。科技导向型创新人才的培养要求学生具备一定的科学研究能力和社会创新实践能力。

五、高职产教融合协同育人共同体模式的专业培养目标

如上所述，专业培养目标包含培养方向、培养规格、尺寸规定。一是培养方向，一般指某一专业未来专业类型或领域，如技术工程

师、老师、科研人员、医药学相关工作人员,同一专业不同方向优秀的人才将来工作实践的标准有差异,如基础理论及应用、科学与技术等。二是服务面向,就是指工作服务的面向,包含对某一领域、某一区域或全国服务项目。三是标准与基本要求,指同样规格型号的优秀人才在德、智、体、美等多个方面的具体要求。以浙江商业职业技术学院财务会计专业为例子,其培养目标则是培养德、智、体、美、劳全面发展,具有扎实基础,知识丰富,技术过硬,素质好,颇具开拓创新精神和科学实践能力,可在工商、银行、证券、事业单位和政府机构从事会计、课堂教学、科学研究的专业优秀人才。

地方高职院校财务会计专业高素质技术技能型人才培养目标在改革创新的实践中,还有很多难题必须进一步思考与讨论。比如,高素质技术技能人才培养的目标是不是只表现在专业建设上;在愈来愈功利性的情形下,人才素质培养的空间有多大;在"互联网+"的影响日益深远的背景下,如何让高素质技术技能人才的培养插上信息化的翅膀;在以职业胜任力为导向的情况下,课程体系、教学方法、教学评价是否适应;反向设计、正向实施的OBE理念在应用型人才培养过程中还有哪些调整或改革的空间,等等。在不断深化高端人才培养总体目标改革创新的过程当中,各种问题都值得关注。

第四节 高职产教融合协同育人共同体模式韧性发展的组织实施

一、统一思想,对接国家战略

产教融合协同育人共同体在连接国家产教融合战略的基础上,搭建产教融合共同体,形成政、企、校、社等一体的生态体系。现阶段,推进产教融合改革创新成为推动供给侧改革的战略发展任务。作为产教融合高阶状态的产教融合协同育人共同体建设是高素质技术技能型人才培养的有效途径,其所形成的产教新机遇,推进了教育行业综合改革，尤其给发展模式与管理体制带来了升级转机。

办学特色的创新至关重要。办学特色是教育理念的一种体现，体现了现代教育理论与特性。要摆脱当前的困境，就要改变现状；要改变现状，就需要以核心理念创新现行标准。教育理念决定了对高等职业教育理解的深度与高度，乃至影响市场竞争力。充分体现以需求为导向，以产业链发展为导向，达到企业转型升级的目的。与此同时，应以学生发展需求为导向，综合考虑毕业生就业的心之所向，注重学生招录、全过程培养、学生就业的一体化发展。

高职院校必须围绕区域经济发展与产业发展规划需求，打造出产教融合协同育人共同体模式，从点、线、面立体式探寻高素质技术技能人才培养方式，深入开展人才培养方案的全方位转型发展。具体而言，高职院校要建立以高等职业教育（专科）为主导，按需发展本科层次职业教育的办学层次定位；以学校重点专业为主体，确立多专业群系统持续发展的专业成长定位；确立培育技术专业基础牢固、实践活动能力出众、有责任感和很强的创新创业能力的高素质技术技能人才培养计划定位；确立立足地区、辐射全国，服务地方经济社会发展的方向定位，以及建设特色鲜明、优势显著的高等职业院校的发展规划定位，进而实现培育人才目标。

推动产教融合协同育人多元化主体一体化深化合作，融合企业公司等具体需求，在具体教学中，以学生群体实习实践等形式，以校企合作产教融合紧密结合推进人才的培养。提升老师实践教学技能水平，邀约业内资深专家进课堂，参与教学。与此同时，下派老师赴合作企业公司挂职锻炼，共同推进科研攻关，有效解决企业的现实问题。

二、重组资源，发挥专业优势

充分运用体制优势，以学校规章制度自主创新为突破口，完善有益于产教融合协同育人的内部结构治理机制。对院校行政工作的管理服务机构进行改善调整，重点建设有迫切需求的专业提升项目，灵活运用有限的资源精准施策，或放弃性价比低的工作，或放弃影响持续发展的低效率操作；以创新驱动搞好发展性工作，降低教学资源成本，扩展教育培训市场，快速做大蛋糕；以深化体制改革、提高工作效率为出发点，减少沟通成本。除此之外，实行机制改革，自主创新二级单位考评机制，在二级院系的目标管理责任制考核的前提下以 KPI 为导向，对每一个二级单位进行评价，进而增强院校办校活力，加强结果导向。进行监管创新，改变思想、提高能力、提高效率，优化运营服务质量，激起上进心，营造精诚团结、风雨同舟的干事创业氛围。与此同时，为促进产教融合进一步发展，优化产教融合协同育人共同体机制，借助校企合作办学相关工作的办公室或有关二级学院创立产业学院。这些机构主要从事校企合作办学产教融合持续发展的教育科学研究等方面的工作。

产教融合协同育人涉及的专业改革创新主要表现在如下几个层面。专业改革创新主要针对与产业结构升级息息相关的新专业，如人工智能技术、互联网金融等，同时向实用性较弱的专业开展撤消合并等相关工作。推动不同专业间的交叉式结合发展，塑造复合型专业人才。高职院校是技术技能人才培养的主战场，高职院校的专业设定关乎人才培养的品质，更关系到社会发展的人才保障。专业是人才队伍建设的基本单位，是建设高质量高职院校、塑造高素质技术技能型人才的基石，是老师、学生、课程内容、教学方式等因素的汇聚服务平台。现阶段人才需求方与供给方在理念上存在分歧，高职院校存在办学定位趋同、人才培养趋同、专业遮盖过广、专业设定太多，供给侧结构趋同等问题。因此，进一步优化专业的合理布局。高职院校建立了专业动态调整机制，密切追踪地区经济结构转型、企业转型升级动态化发展趋势，适度培养新兴专业、更新改造传统式专业，对不适合地区经济发展与学校技术技能水平发展需要的那一部分专业予以更新改造。与此同时，高职院校应明确培养计划，重新构建专业课程设置，积极主动打造特色专业。积极推进创业教育与专业文化教育多方位结合，整个过程实现全面覆盖，从培养计划、课程设置、资源库建设、管理机制等方面进行教育综合改革，充分显现出院校的优点、特色。

三、拥抱产业，提升协同育人成效

在产教融合协同育人共同体模式创设的过程当中，产教涉及多方面主体，应融入市场经济体制，以适应各自内在需要为原则，以正当竞争等为原则，发挥各自优势和功效。在以往产教融合的过程当中，高等职业院校通常通过实习、实践等各个环节塑造学生的社会适应能力，但是有些企业出于经济收益的考虑，合作意向并不明显，主动性比较差，学生实习通常流于表面，效果不好。学校在实践过程是以产教融合协同育人共同体为实践教学平台的，一同制订人才培养机制，在培养计划中设定对口专业连接产业链的课程内容，精准对接岗位所需要的职业能力。产教融合协同育人多方面主体应从实习中寻找切入点，从人才的培养中寻找契合点。与此同时，应优化职业教育根源，一同打造高质量师资力量。以前的老师大多数从学校毕业后到学校工作，毕业就执教，对技能水平在前沿领域中的应用缺乏掌握，欠缺企业的实践锻炼，对高职院校专业技术技能型人才培养的教学理念掌握不足，学生被动接受象牙塔式的课堂教学比较多。院校应根据需求配备所学协同教学的标准，邀约企业技术人员、技术专家入校助推一线课堂教学，并且与该校老师形成师资团队，协助专职老师提高专业技术技能运用与开发能力。产教融合协同育人多方面主体的相关负责人彼此应兼职，充分发挥企业、社会等主体在产教融合育人体系等方面的优势，成为产教融合协同育人共同体的主要媒介和纽带。定期讨论，依据企业用人标准，修订人才培养方案，在模块化设计、主辅修制课堂中让学生高度重视市场发展，项目服务于企业、行业和产业的观念；共同体相关主体参与人才培养的全过程，理论性很强的课程内容由企业技能水平相关负责人授课，课程内容更为接近生产实践；共同体相关主体协同参与人才培养模式的评价工作，将数据及时反馈到教育及科学研究有关部门，使之作为调节人才培养机制、改革创新课堂教学的重要依据，产生闭环式质量控制，使教学水平稳步增长。高职院校执行访问工程师等制度，按时下派老师赴企业挂职锻炼，下派老师入驻协作企业。借助共同体协作构建的服务平台，让大量老师利用假期到企业参观考察、学习培训、实践锻炼，和技术技能人员一起开展科学实践研究，以处理生产制造中出现的问题。

教育行业发展速度落后于产业，其中的原因之一是产业发展快，教育发展融入慢，技术技能人才培养和产业要求不相一致。产教融合协同育人共同体多元化主体共创专业与课程内容，从根本上解决优秀人才供给侧结构存在的不足。进一步将企业人才需求融进人才培养方案，将专业技术人才培养设在产业链上，设在企业人才需求的急切点上。多元化主体对专业建设全过程进行监管与管理，确保共同体协作建设专业的标准化运作。

相关产业板块建设主体和学校共同体执行共同体建设项目，连通人才输出发展通道，完成人才的培养和各共同体产业板块的精准对接。根据学生个人申请办理、二级院系积极推荐、相关产业板块建设主体有关人力资源部招聘面试等环节，选拔学生参加共同体建设项目。各产业板块在现有课程的前提下，根据自己的岗位需求，量身定做主干课程，并下派公司高质量师资力量入校讲课，在训练学生专业技能的同时嵌入公司文化。产教融合协同育人共同体开设商务接待礼仪、职场心理等科目，缩小院校人才的培养与企业人才需求的间隙，减少学生毕业之后还需企业公司进行二次培育的时长。各产业板块分配学生到企业公司实习并交给一线老师具体指导。表现优异的学生，大学毕业后能直接在相对应的产业板块就业。在产教融合协同育人共同体参加人才培养的环节中，企业公司对毕业生工作素质能力有基本上较为统一的理解，学生对企业公司的生产运营发展情况有比较清晰的认知，因而容易达成求职意向，推动专业技术技能对口的学生就业。拓宽产教融合协同育人权益重合范畴，把产教融合从唇齿相依变为你就是我、我就是你的进阶状态，形成共赢发展的局面。

第五节　高职产教融合协同育人共同体模式韧性发展的运行机制

一、组织领导机制

目前我国高等职业院校产教融合协同育人建设整体上还处在初始阶段，因此，有目的性地创立或融合形成院级产教融合组织管理机构、管理体系是产教融合的核心工作。厦门大学教育研究院院长别敦荣教授强调，高等院校需有专门的机关、专业技术人员承担科技创新的转化工作，要协助老师采用售卖、出让、入股投资、协作等多种形式与企业公司合作，将老师和企业联合起来，合理推动科技创新转化。基于此，可以通过院校产学协作处、产教融合协同育人平台及相关的组织架构进行由上而下的管理以及由下而上的反馈。最开始可校企联合创立产教发展部门，实际研究部署企业和院校产教融合协同育人共同体的高层设计实施方案、保障体系等整体指导与推进工作。融合区域经济发展，特别是产业发展规划结构以及发展特性要求，孵化并培育适宜长期发展的产教融合协同育人共同体。共同体不但要有科学合理的发展规划、保障措施和评估方案，还应制订实现共同体培养的高素质技术技能人才培养计划、高素质技术技能人才相对应的专业建设方案、双师双能型专业教师队伍建设计划、课题研究计划、技术技能人才创新创业教育计划等。与此同时，由产学协作处等负责产教融合协同育人有关事务管理。历史经验说明，没有一个高效率的组织架构统筹协调，所有的产教融合协同育人改革创新就会显得毫无章法、混乱低效。该部门不但要密切关注我国产教融合制度的发展趋势，还需注意加强与行业企业公司、政府部门间的协作，联通院校、企业公司、政府部门、社会间沟通的桥梁，更应协同校园内教务部、科研处、教务处、人事处等工作部门，检测技术技能人才塑造、师资力量引育、专业建设等方面的效果。除此之外，要把推进高等职业院校创业教育改革创新作为高等职业院校教育教学改革的突破点，推动人才的培养与市场需求间的协作，加强学校和政府部门、企业公司、整个社会的同步协作，推动产学研用紧密联系，促使大学生参加多样化的实习实践和创新发展活动，提高创业意识和创业能力，形成高素质技术技能人才的发展规划，为优化产业布局提供大量高素质技术技能人才。

二、考评监督机制

考核监督是检查工作效果的有效途径，也是推动学校转型发展、高质量发展的巨大驱动力。要更好地提高产教融合协同育人共同体的执行效率，应在考评监督制度上进行改善与创新。一直以来，企业公司在产教融合中的参与度一直很低，企业公司冷、学校热与学校围着企业公司跑的状况比较常见。但是，引企进校是产教融合的重要环节，企业不但要参与学校对人才队伍建设的活动，还应当参与对学校人才的培养功效的考评。尤其是在人才培养的闭环控制中，企业的评价描述通常是关键有效的。所以，可以从企业的视角对学校进行教学质量评估，从原先的结论性评价调整至过程性教学实践评价。只有通过考评、调整、再考评的循环系统方式才能进一步提升产教融合协同育人共同体多元化主体在联合共建专业、共同体联合培养双师双能专业教学师资力量、共同修定技术技能人才培养计划方案、共同体开发课程设置、共同推进就业及自主创业等方面的工作深度、广度与宽度，才能实现高素质技术技能人才培养目标，形成产教融合协同育人共同体模式的发展范式。除此之外，要充分发挥学校双代会的监督职责。在推行产教融合协同育人共同体模式过程中，院级领导干部激情高、中层激情温、一部分老师激情凉的现象的背后原因在于并没有充分引导大多数老师参与学校转型升级的具体事务。应充分体现双代会在学校民主决策和监督指导中的重要性，吸收有关学校转型升级的经验教训。在每年的"双代会"上，学校领导必须及时通告学校本年度产教融合协同育人发展规划，尤其是资金使用情况，让更多的老师了解并明确产教融合协同育人发展的年度工作，并主动对学校产教融合协同育人发展相关工作进行日常监管，使校园内产教融合协同育人发展自我评定的规章制度与省部级教育行政部门制订的高职产教融合协同育人情况外界评定规章制度同向同行，共同推动协同育人工作。

总而言之，产教融合协同育人共同体的运转既需要明确学校、企业、政府部门等多方参与主体的职责，更应该组织协调部门进行高效化管理，需要完善考评监督制度标准、约束产教融合协同育人共同体的非优化举动，以检测产教融合的实际成果。

本章小结

多维邻近性视角下高职产教融合协同育人共同体模式韧性发展表达出产教融合协同育人多元主体的美好目标与愿望，通过对这一模式韧性发展的创新实践的思考，从高职产教融合协同育人共同体模式创新的现实意义、实践要求、培养目标、组织实施、运行机制等多个层面形成共同体模式韧性发展的主体逻辑，也即系统性方面，该模式更为完善，能实现更全面综合的育人实践；在便捷性方面，该模式表现为育人主体的多元关系的联系与构建更为便捷；在精准性方面，表现为弹性适应新时代协同育人的新要求，并走向生态建设。此外，在参与性方面也扩大了社会协同，实现了从公众参与到协同治理的渐进。本章从理论层面表现为打破学术与职业的二元对立关系、从实践层面顺应全球化职业教育竞争力发展的需要、从路径层面表现为中国高等职业教育发展的实践选择、从建设层面表现为区域社会经济增长的推进器和支撑器等四个方面说明高职产教融合协同育人共同体模式创新的现实意义。从素质方面、知识方面和能力层面阐明高职产教融合协同育人培养原则的共性要求，并以中美合办电子商务专业为例来说明高职产教融合协同育人培养原则的具体要求。接着从总体目标、培养目标的类型与特征、培养目标制定的基本流程、专业培养目标的内容设置与明确、专业培养目标的表述逻辑说明高职产教融合协同育人共同体模式创新的培养目标。以统一思想对接国家战略、重组资源发挥专业优势、拥抱产业提升协同育人成效等说明高职产教融合协同育人共同体模式创新的组织实施。随后，从组织领导机制与考评监督机制等方面论述高职产教融合协同育人共同体模式创新的运行机制。本章从多层面论述高职产教融合协同育人共同体模式的创新设计，探讨高职产教融合协同育人共同体模式韧性发展的可能。

第五章

多维邻近性视角下高职产教融合协同育人共同体模式韧性发展问题与纾解案例

第一节 高职产教融合协同育人共同体模式韧性发展的问题

高职院校产教融合协同育人建设发展至今，其韧性发展迎来了新的发展机会。但是挑战和机遇并存，产教融合协同育人在逐步发展中也出现了诸多问题，如地理邻近的建设途径僵化、认知邻近方面的技术受到阻隔、组织邻近的关系网络融洽不够等，专业、行业领域、产业链等建设主体之间的关系还需进一步调和。

一、地理邻近基本形成，产教融合协同育人共同体模式建设路径僵化

为了满足地区经济社会人才培养的需要，近些年高等职业院校积极促进产教融合协同育人的建设发展，经常与行业企业、产业链开展对话互动，促使学术研究在产业领域的双向关联与转化。与此同时，进行专业、产业领域、产业链间的互相渗入，地区范围之内的地理邻近基本上产生并固化。与其同步的高等职业院校开始扩大规模，并且以专升本等形式寻找新的发展方式，产教融合协同育人建设与专升本等举措在空间和时间上有一定的重合。实质上，开展升本等发展行动是"面"式发展，与产教融合协同育人的"点"式

发展不一样，其汇聚强、优、特等专业，综合性地推动其他专业发展的同时，也需要产教融合协同育人等方面的亮点成绩，进而带动总体向上革新。在时间和精力不充足的情形下，会产生拉郎配式的产教融合建设，极具典型性的如某学院以订单班的扩张版计划开展的产教融合协同育人，建设中以地理邻近为优势的建设主体一味地突出产教融合过程中高等职业院校与行业企业两个主体的平行发展关系，由较小规模、已有实践教学共建等互动合作伙伴关系来推动所谓特色化协同育人建设。此处的产教融合协同育人建设的具体内容比较老旧，地理邻近并没有扩展产教融合协同育人建设途径，是一种浅表层的交流合作。总体而言，在改进高等职业院校与产业互动形式中资金投入偏少，相关主体的协同表现并不积极。有关院校所开展的拆分或新开设专业等在一定程度上过分依赖具备地理邻近优势的产教融合、校企合作办学的已有建设成效，地理邻近的发展方法非常容易被多专业多机构相互借鉴参照，物理层级的地理邻近使得多个专业仍在已经有产教融合基础的专业建设中蹭热度，原本某专业的地理邻近发展成了多个专业发展的试验田与赛马场，地理邻近方面的僵硬发展途径冲淡了原来专业的特点，构成了学校面向外部环境竞争的同质性状况，这在一定程度上降低了高等职业院校在深化产教融合协同育人建设领域的发展幅度。除此之外，只是依靠地理邻近的便捷开展建设，可能会引起虚拟的协同育人空壳化状况，主要体现在为了能申请产教融合协同育人建设新项目，借助地理邻近的优势搭建虚拟化的交互协作，暂时性地搭建虚拟协作发展空间，将已经有或正在进行的项目合作归整到产教融合协同育人建设项目中，产教融合协同育人项目备案之后又有"僵尸化"虚拟办学存在的可能性发生。如果以产教融合研究院的方式落地，则可能并没有直接开展人才培养，主要是以不定期开展项目咨询、专业服务等方式维持产教融合协同育人工作。若从实体化建设迈向这般僵硬的虚拟化建设，将使得地理邻近的优势进一步削弱，专业建设的知名度逐渐减弱。

二、认知邻近发展不足，产教融合协同育人共同体模式技术壁垒存在

在新工科产教融合协同育人建设场域中，通过知识生产与技术运用等赋能，高职院校和行业企业的互动多样化发展，促使多元主体在认知领域的界限变得愈来愈模糊，慢慢踏入混生场域并推动建设主体向专业知识技术运用方向转换与转化。但是，在短时间内产教融合协同育人建设的认知邻近层面依然建设不足，建设主体间技术堡垒依然存在。产教融合协同育人中订单班、产业学院作为跨界育人发展的知识技术应用共同体，建设中多为承袭以往的方式，即依靠重点开展关键资源建设的外延式发展方法。行业企业在混生场域以实践活动技术方面的相辅互补与订单班、产业学院等建设对接，积极与高职院校开展互动与对话，但从表现出来的分享已有关键技术开展应用的实践来看，其多从经济发展的角度考虑，因而产教融合的技术转化与分享多有顾虑，技术方面的壁垒促使建设主体间跨界发展受到一定的阻碍，在一定程度上还会持续加重建设主体之间分离现象。除此之外，还存在着产教融合订单班、产业学院建设与运转的主体认知相邻不足等状况，主要体现为老师本身以及教学团队对产业学院建设相关知识的获取和学习存在技术壁垒与认知功能障碍。实际上，在国家和政府全力支持产教融合、推动产业学院建设的大背景下，教师发展的环境必须提升到更高的层次，依据目前的技术发展趋势，应对高职院校产业学院与老师及其教学团队提供构建工具技术。在发展中从订单班、产业学院等人才培养这一主要方向拓宽技术应用主题，高职院校与产业之间进行技术出让、技术选购等，逐步实现产业化合作。与此同时，高职院校与行业龙头企业的技术与网络资源、人力资源开始互相植入，并不断深化专业技术技能开发过程的知识产权管理、应用、利益分配等。另外，还需要关心建设期内行业企业因技术与网络资源的不断独享而可能发生的协作异化状况。据了解，江苏有多家产业学院在建设推动的后期因为企业忽然退出而造成产业学院建设停止。此类状况非常值得警

觉和思考，技术的紧缺与不足、建设主体内部的老师及教学团队的知识获取与转换能力的不平衡现象在短时间依然存在，这些都会使得订单班、产业学院等建设规则不稳定，进而导致产业学院等产教融合协同育人的土崩瓦解。

三、组织邻近协调不足，产教融合协同育人共同体模式发展潜力受限

产教融合协同育人建设以校企合作为主导，表现出高职院校接近产业发展规划、塑造高素质技术技能人才的企业愿景。企业以获得国家补贴发展，获得产业链有关技术技能人才等资源为目的，激发其协同育人的内生动力。现阶段，依照产教融合协同育人建设者角度区分发展类型，可分为校企合作型、校行合作型、校政合作型、校行企合作型、校政行合作型、校政行企合作型。高职院校是其中每一种发展类型的重要建设者，龙头企业是产教融合协同育人的深度合作关键主体。校地合作则是校政合作、校政行企合作等类型的综合称呼，校产合作主要体现在校行合作、校政行合作等方面。从产教融合协同育人可持续发展的角度来看，高职院校、行业企业会依据产教融合协同育人发展过程中的变化情况，从各自发展维度考虑产教融合协同育人的实施方位，适度调整建设主体的相互关系。现阶段订单班、产业学院等发展还处于产教融合协同育人的发展期，建设主体的组织边界还在开放和变通之间摇摆不定，行业企业的主要精力投放在常态开展企业管理创新、人才的培养与科技特派员等制度层面，无法立即回应高职院校的发展需要。除此之外，大多数产教融合协同育人建设项目由高校有关部门或二级学院管理，且由于混合所有制改革具有持续发展的特性，高职院校面对企业针对产教融合协同育人投资等做法大多数选择慎重处理，这在一定程度上降低了行业企业的投资情况与投入热情。另外，在高职院校产教融合协同育人建设过程中，逐步完善了围绕行业领域发展的强、优、特等专业或专业群建设，如信息安全技术专业群、大数据计算专业

群等。在交叉式发展融合型专业群的过程当中，通常是以强、优、特专业为主要支撑点，多个专业在其中协作，从而达到产生专业发展新活力的目的。例如，现阶段的安防专业建设大多数借助原来强、优、特专业建设，主要通过三条途径实现：第一是以强、优、特专业群为基础，依据行业发展的趋向、专业人才的培养市场需求来开展产教融合协同育人建设项目。第二是以产业链领域重要技术创新为主线，建立产教融合协同育人建设项目，如安防产业链与大数据信息专业群的结合与发展，便是根据云计算技术、大数据技术等国家重大需求和专业前沿技术来设立，安防产业链与智能通信专业群的建立也由此项产生。第三，根据交叉专业的特色与专业演化发展来推动产教融合协同育人建设。从治理体系现代化发展的角度来看，建设主体对高校规章制度建设非常重要，特别是组织邻近的校企合作怎样依托强、优、特专业开展协作策划，开展技术研发等，必须进行研究。推动组织相邻方面的关系网络的强度建设与产业中建设主体协同合作的强度设计，是促进产教融合协同育人发展的关键。

第二节 高职产教融合协同育人共同体模式韧性发展的问题纾解案例

一、校企合作方面的问题纾解案例

动漫产业与相关技术迅猛发展，"人工智能+"持续推进的世界性发展态势，对具有高水平设计创意、营销推广、企业战略管理等能力，把握创新创业机会，完成价值创造，并实现商业增长点的高层次动漫人才贮备和团队文化建设，提出了个性化发展的新需求。动漫人才作为技术技能的创新人才，越来越注重动漫艺术与技术的结合、创新发展的个性化发展等。近些年，对创新创业型动漫人才的需求日益骤增，特别是对个性化、技术创新动漫人才的需求。海外一些科学研究资料显示，很多动漫人才因为"千人一面"的表现，缺乏个性化自主创新，在人工智能技术应用的渗入下产生职业危机。

腾讯研究院发布的全世界人工智能人才行业报告表明，因为人工智能向产业化的渗入，许多传统化的职业已经无法像以往一样正常发挥出其专业优势，而操作过程与方式相对固化的职业，如部分技术应用较为局限的动漫从业人员，将如同会计、市场专员等职业一样面临变换岗位和下岗等风险。与此同时，类似人机交互游戏设计、特效设计等注重个性化的动漫从业人员的需求则大幅增加。

从外部形势审视，人工智能在技术智能化、渠道平台化、内容集成化、机制流程化等方面发展迅猛，对动漫人才培养产生较大的冲击，加速了人才的创新化、个性化发展变革。从内部自身需求审视，动漫产业依托迅速崛起的人工智能从加工型产业向原创型产业转型，加大了对人才个性化发展的需求。因而拥抱"人工智能+"，培养掌握"人工智能+"的动画技术人员，尤其是具有人工智能技术的动画优秀人才，应运而生。

个性化发展是一个实现自我成长的智能系统,通过对系统状态、环境、任务、集群的循环优化，实现自我持续发展。"人工智能+"作为人才和系统交互作用过程中，具有启发作用和有目的地介入系统激发与人才互动的中介，要从多维邻近视角下技术、规制等多层次加以支持与辅助。基于多元主体的智能发展的视角，突破人才个性化发展过程中的瓶颈，改善个性化发展状态不稳定、环境多变、任务不确定、集群不协调等影响因素。个性化发展能力与价值随着人工智能的有效介入，产生与系统空间的深度融合、交互耦合，继而实现智能支持状态、任务，以及集群的自认知、自优化、自重构等，进而不断增强人才培养效应。

以"人工智能+"赋能动漫人才培养，消解个性化发展主要问题，在助力动漫从业人员（含拟从业人员）的个性化发展过程中，显得尤为重要。其本质是发挥多维邻近性在地理邻近、认知邻近、组织邻近等层面的积极作用。构建"人工智能+"动漫人才的个性化发展"134"波谱模型（如图 5.1 所示），其中"1"是指一个发展目标，即以产教融合协同育人共同体推动动漫人才个性化发展目标；"3"是指为实现该发展目标，需要提升的交互融合、原创管理、产品创新与转化等三方面的主要能力;"4"则是基于"人工智能+"视角,从感知智能、协同智能、混合智能、群体智能等四方面智能介入,推进实现多维邻近性视角下的人才个性化发展。

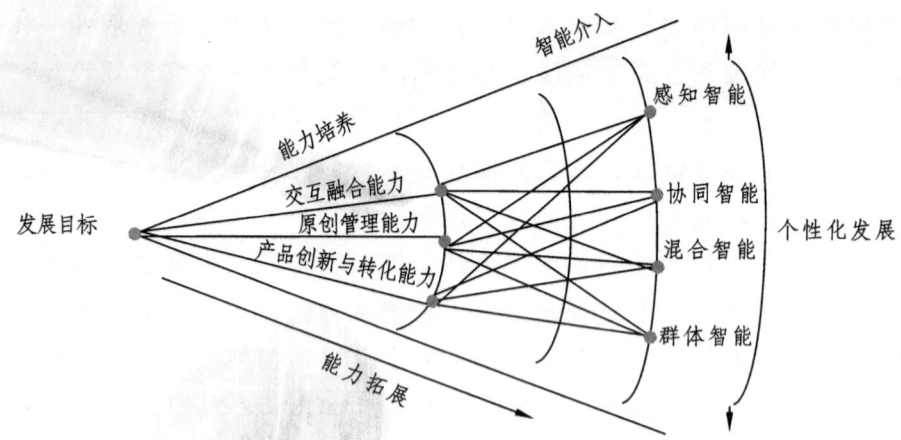

图 5.1 "人工智能+"动漫人才的个性化发展"134"波谱模型

"人工智能+"在改变动漫人才"千人一面"的局面,形成个性化发展态势的过程中,着力点主要在于提升三方面能力。第一,提升人才的交互融合能力,满足多元主体、跨媒体交互设计制作要求;第二,提升人才的原创管理能力,满足动漫产权保护与运营管理发展需求;第三,提升人才的产品创新与转化能力,支撑动漫产业价值创造。"人工智能+"作为上述三方面能力得以展现的显性载体,以感知智能、协同智能、混合智能和群体智能作为培养支点介入,使得人才个性化发展得到培养所需的驱动要素。当三方面能力在智能介入达到一定程度之后,便会产生多种能力的交叉融合与迁移转化,进而实现动漫人才的个性化发展。

(一)地理邻近视角下校企合作方面的问题纾解

作为职业教育领域主要发展方向之一的"人工智能+",已被行业、企业、政府等纳入研究范畴。基于人才个性化发展"134"波谱模型的解析,结合业界对具有典型媒体特征的动漫人才的广泛认识与面向未来维度的思考,以"人工智能+"中介搭建"人工智能+"

动漫人才与个性化发展之间的桥梁,提出面向集群的协同智能、面向环境的混合智能、面向状态的感知智能、面向任务群体智能等"四位一体"智能推进"人工智能+"动漫人才培养的个性化发展策略,使个性化发展成为一套行之有效的策略体系。图5.2为"四位一体"智能推进的个性化发展策略模型。

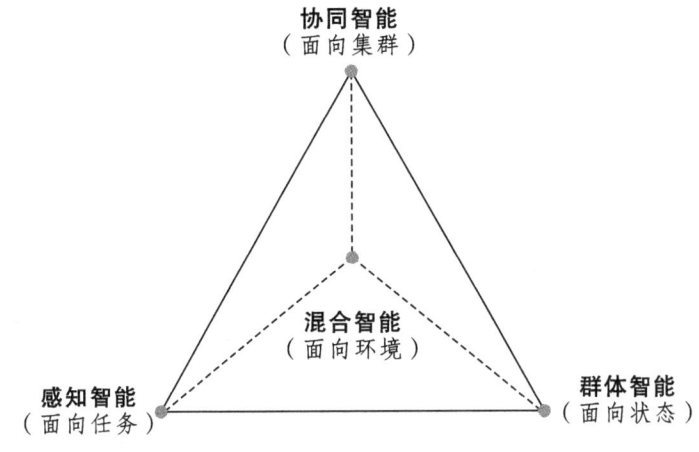

图 5.2 "四位一体"智能推进的个性化发展策略模型

1. 发展面向集群的协同智能

面向集群的协同智能是指拓展延伸动漫人才链、产业链,搭建"人工智能+"动漫集群平台,以"人工智能+"动漫的实践创新为源头,加强与动漫人才培养环境中多元主体协同关系,并从多元主体活动中学习新知识新智慧,发挥协同创新与集群智能的效应。现阶段,人工智能技术还处在初始阶段,其动画创新实践和设计服务基本上还处于相关度不高的阶段,主要依靠政府与企业的实践平台搭建,动漫优秀人才个性化培育的环境并不成熟。因而,群集的功效之一是协调各方,也即产教融合协共同育人共同体在动漫人才培养、课程设置、评价方法等多个方面达成智能化共识,正确引导动漫人才培养迈向个性化。架构"人工智能+"动漫人才集群,为动漫人才培养提供企业、行业、社区、政府等多方协同发展平台,搭建起培训实践、研究实践、创新实践等相互关联相互支撑的集群。"人工智能+"动漫人才个性化培养的快速发展依托集群的组建与演进，从根本上来讲，集群提供人才培养过程中优质资源和融通产业的解决方案，而集群动态性演变能够升级成自组织的发展生态，多元主体以核心角色身份发挥出强化的功效。创新成果通过引入多边合作有关主体与市场相关建设主体，集群在人才评价、技术研发、产业发展和多边合作市场层面将向着更丰富的集群演变，最终这一集群将以共同体的形态展现。

2. 发展面向环境的混合智能

在集群环境中建立大规模人才个性化发展的环境，要实现具有感知、预测多变环境功能的人机混合智能，及时有效地解决人才培养过程中的困难，减少预测之外的培养障碍。第一，设置"人工智能+"人才的个性化发展研究部门，推进人机混合智能发展。着力研究"人工智能+"动漫人才培养的人工智能机器预测分析能力与个性化持续发展之间的关联。科学研究部门必须高度重视个性化发展趋势，不但要与动漫优秀人才多加沟通交流，更应为工作人员及当地社区等建设主体给予发展环境，使得人才的培养与进步发展成为一个感知化、操作化、可预测的交互过程。第二，面向多变环境开展"人工智能+"动漫人才的个性化发展制度建设，打造人才培养周期和知识积累的软环境。建立多种途径培养培训背景下"人工智能+"平台进修、实习实践发展、创新创业活动等多环节培训积分认定、积累、转换等，从制度上加以规范与引导，打通动漫人才在岗在职培训与脱产培训两种形式的界限，为从业人员在新知识新技能等方面的培训保驾护航，也为从业人员岗位晋级与调整提供参考依据。第三，加强"人工智能+"素养发展建设，加强混合智能发展的基础建设。积极加强行业、企业个性化发展集群等社会资源与素质发展的直接联系。引入与实施国际化专题研讨与合作实践培训，打破"人工智能+"与动漫实践内容割裂的局面，形成面向未来跨界实践活动、适应业态发展的动漫人才素养培育新模式。基于职业发展前中后三个阶段通盘设计，面向从业人员设立人工智能设计创意、动漫应用编程等阶段性课程，进一步丰富媒体设计编程、人工智能辅助编程等课程，形成素养发展的分类管理体系。

（二）认知邻近视角下校企合作方面的问题纾解

1. 发展面向状态的感知智能

在与"人工智能+"的交互中，依据人机状态回路中的相互感知，对照自身状态的变化与影响因素的评估情况，对知识、技能等方面的智能学习进行进展比较性分析。强化并升级自身认知状态，首先要重构动漫从业人员个性化培养目标与多元培训课程体系。融入"人工智能+"动漫集群的新技术、新标准、新规划，结合行业、企业、政府等资源，发展跨界跨学科的个性化培养目标，实现培养目标的与时俱进。个性化培养把自主创新专业技能与动漫产业所需的处理实际解决问题的能力紧密联系，注重学以致用的一体化螺旋发展。借助集群发展的逻辑，建设包括技术性、理论性与实践性的"四轮驱动"多元化课程管理体系。紧紧围绕"人工智能+"动漫设计创意、媒体技术、实践与发展设立多门课程，突显当地公共艺术在动漫设计中的重要性，同时在设立海外实践、国际交流设计等国际合作实践的个性化课程上加以提升。融入面向就业创业的跨行业发展、复杂交互、人机协同等特性的动漫设计发展趋势，完成多门课程螺旋式演变的课程构造设计。

2. 开展基于集群的交互式培养

通过动漫从业人员特征分析与课程的个性化推荐，在感知中增强人的智慧。发挥集群成员的技术开发设计水平，激活平台优势、大数据挖掘、可视化数据分析等人工智能分析技术，搜集并比对员工基本资料和互联网接入数据信息，分析、判断、推理从业人员培训背景、动机、风格等，为从业人员提供个性化发展服务，强化动漫相关知识与技能的延伸、核心素养与能力的提升等。再者，根据传统式触碰感知技术和新式非接触式感知技术，高精密感知员工个人行为、心态等，获得其动作、指触等操作、吸气、心跳、血压值等生理学感知。提取从业人员的相关数据加以分析，组成其用户的深度画像，在探索发展方向、培训内容和形式中提出个性发展的建议，实现认知升级与个性化课程再构建。

（三）组织邻近视角下校企合作方面的问题纾解

在"人工智能+"实践任务中持续引入群体智能引导与评估，开展群体的全效式培养，形成面向任务的智慧发展闭环，促进动漫人才个性化群体智能发展。传统式动漫设计人才的培养受到培训院校技术、设备等因素的影响，在理论与实践方面的培养积累了足够的经验。然而，其缺乏与社会实践活动相关场景的对接，在开展评价反馈方面也存在局限，群体或者个体在智慧和能力层面的培养成效还没呈现出来。群体智能持续发展的定义可以参考种群群体智慧这个概念，其主要是指群体具备优于单一个体的智慧和能力。2004年，詹姆斯·索罗维基在《群体的智慧：如何作出最聪明的管理决策》书里提出："在适当的环境中，群体在智力层面的表现特别优秀，他们以集体的方式往往比群体中智商最高的人的表现更为出众。"事实上，团队协作已经成为面向将来的影视动画智能化、系统化、复杂化、个性化态势的应对方式，从实际情况来看，已经获得了较好的效果。产教融合协同育人共同体的内部与团队之间互相启智、生智的发展方式，也非常适合个性化培养计划。

促进动漫从业人员面向任务的群体智能发展主要包含以下几方面：一是动漫实践创新活动借助跨学科集群引进动漫从业人群，基于人工智能交互平台的虚拟现实智能建模技术、自然语言理解技术、知识服务系统等，根据人工智能的技术、方法、手段与环境进行虚拟现实、增强现实层面的互动设计与具体教学实践指导，以及自主创新和创业等集群推出实战式动漫实践创新活动。在互动交流中，动漫设计教学团队与学习团队内部进行相互竞争，以"多元+交互+群体"强化教学与学习团队的全局观念与创新意识，促进群体智能发展。第二，通过集群与平台进一步收集行业、企业、社会力量等多元主体、多种数据库的动漫设计信息，综合处理各类动漫设计信息，更加全面地感知动漫实践和理论创新活动，为教学与学习团队组员提升与发展给予精准的支撑，服务项目交互实践。第三，大多数创新实践活动是原创智能性开发活动，本身因原创的特殊性而不易被再次模仿，因而群集的交互在推动原创性思维发展及教学、学习团队的实践活动等方面具有支持作用，其能促进教学、学习团队及成员的高阶思维与动漫产品意识养成，推动群体智能的高速发展。第四，人工智能技术自适应系统根据意见反馈分析，对人才培养的各个环节进行总结和评价，对潜在性问题等进行智能化干涉，提出意见并调整工作团队成员的发展思路。在这样干预与评价的过程中，集群组员融合从业人员的工作经验深度参与实践活动，对人才的个性化发展进行相应的优化与调整，进而提升群体这一产教融合协同育人共同体的智能化发展效率。

本案例探索了"人工智能+"动漫人才培养的个性化发展问题，再通过焦点小组探索基于"人工智能+"中介逻辑构建"人工智能+"动漫人才的个性化发展"134"波谱模型，并以动漫人才个性化发展为目标，从协同智能、混合智能、感知智能、群体智能等介入实施个性化人才培养并开展课程试验。

研究调查对象为浙江广播电视大学艺术设计专业（动漫设计方向）学生，完成有效问卷 220 份，其中男女比例为 11∶9。基于试验设计，分别对比传统动漫设计课程与基于人工智能中介逻辑的动漫人才个性化发展的教学效果。以 220 名学生为研究对象，分别采用传统课程和个性化发展课程进行授课 1 学期。研究采用 t 检验，对两组（个性化发展班级/普通班级）学生的交互融合、原创管理、产品创新与转化等能力进行了对比，表 5.1 为个性化发展班级学生对课程在交互融合、原创管理等方面能力培养效果的评价情况，结果显示均显著高于普通教学班级。

表 5.1　不同组别学生行为的差异性检验

		效果评价	
		平均数±标准差（M±SD）	t
交互融合	个性化发展班级	6.63±0.52	69.56
	普通班级	3.50±0.88	
原创管理	个性化发展班级	5.52±1.23	4.56
	普通班级	5.11±1.05	
产品创新与转化	个性化发展班级	5.16±1.02	53.71
	普通班级	2.81±1.37	

通过构建人工智能中介逻辑的动漫人才个性化发展波谱模型及有效的个性化发展策略，深度挖掘并利用"人工智能+"中潜藏的巨大资源，结合人才培养集群对动漫人才培养的共识，从协同智能、混合智能、感知智能、群体智能等分析动漫人才个性化发展中的集群、环境、状态、任务等的不确定性，以"人工智能+"赋能动漫人才培养，消解人才培养个性化发展的主要问题，助力动漫从业人员人才培养的个性化发展，促进创新型动漫人才培养。通过数据分析，该策略促使交互融合、原创管理、产品创新与转化等多种能力的交叉融合与迁移转化，充分挖掘了学生的发展潜能，拓展了学校的个性化教育领域，丰富了动漫实践教学内涵，为个性化、创新型人才培养提供了有益的探索途径。今后还可以从游戏情境、情感社交化、交互沉浸化等方面持续深入理论和实践研究。

二、校地合作方面的问题纾解案例

在创新创业的实践环节中，商科优秀人才发挥了非常重要的作用。商科优秀人才大部分有较强的企业战略管理能力、网络营销能力、人力资源能力和财务会计能力，是有能力把握住创新创业机遇、实现价值创造的高层次经营管理人才，是架构企业商业模式并持续进行创新的职业经理人才。但是，在现阶段高等职业院校商科创新创业人才培养中，长期存在实践教育和工作实践衔接不足、课堂实践教学活动多元化不足、实践教育管理体系不健全等问题，高职院校商科创新创业人才培养欠缺必要的外部实践环境与实践阶段。汇总分析当前世界上已有的两种较为典型的实践教育模式，找到面向高职院校商科创新创业人才培养的实践教育关键，是有重要意义的。

第一，中国现代学徒制实践教育模式。现代学徒制实践教育脱胎于学徒制教育，是校企紧密结合培养学生的一种当代教育实践方式。该实践教育的主要特点表现在"招收即招工，进校即进厂、校企联培"，主要以校企联动，通过共同参与课程建设、顶岗实习、毕业设计指导、职业指导等全过程，积极塑造高素质技术技能人才。

第二，海外服务学习实践教育模式。服务项目学习实践教育成形于美国的体验学习传统和学生开展的社会服务运动，其将具有意义的教育实践融汇于当地社区服务，通过赋予当地建设体验活动的责任感，丰富实践服务社会的实际意蕴。在意识上注重实践与学习的结合，强调学习与实践服务的相互促进。当前服务项目学习在新加坡、澳大利亚都得到了较好的实践应用，对塑造商科创新创业优秀人才具有重要作用。

浙江商业职业技术学院是国家第一批现代学徒制试点院校，从示范点推行至今的教学情况与效果能够看出，在培育商科创新创业人才的实践教学活动中，存在如下不足：第一，在实践教育内容上，和实际工作脱节且欠缺独创性。以物流管理专业为例，创新创业实践环节只让班级中总成绩前三分之一的学生参与进来，而且实践教学方法以座谈剖析为主。第二，在实践教育场景上，课堂教学活动多样化不足且欠缺竞争性。以上述现代学徒制一年级学生的座谈剖析为例，要求学生在两个星期内阅读特定书籍中的相关内容，写下阅读感想，以座谈方式分享学习感受。如此教学场景的设计以偏概全，不具有商科应该有的实质特点——"竞争性"。第三，在实践教育评价上，缺乏管理体系设计，仍然以传统老师评价为主导，无法以电子档案的方式全局化展现学生在职业知识、专业技能、职业感情等方面的进度。而服务学习创造性地设计出学习与社会发展实践结合的教学模式，以社会发展实践难题为导向，以人际互动与文化交往为途径，以团结协作及相互竞争为支撑，根据商业规划思考并推进商业项目规划落实，实现了商科创新创业人才培养的具体作用，亦即在这个社会实践中为当地社区等解决实际问题，并且通过实践增强对专业知识和社会发展具体的认知。因而，不同于传统仿真实践教学方式，对接真实的实践项目的演练是商科创新创业优秀人才实践教学的核心，而其中蕴含的竞争性也是实践教学的根本所在。

为有效解决上述实践教育中存在的问题与不足，可以构建高职商科创新创业实践教育的竞争性模式。目前我国针对竞争性实践教育模式的阐述相对还较为匮乏。竞争性实践教育模式是以创新服务社区、街道、政府的项目为抓手，以培育商科高职生创新创业能力为目的的实践教育模式。该方式基于校地（学校与当地）协作搭建的实践教育平台，建立学生仿真模拟企业运营管理全过程，在此教学管理过程中进一步了解企业的运营机制及其销售市场激励机制，在学生的学习团队中进行竞争性的课堂实践教学，以培育出合乎行业和企业需要的商科高素质技术技能人才。图 5.3 为高职院校商科创新创业实践教学的竞争性模式结构图。

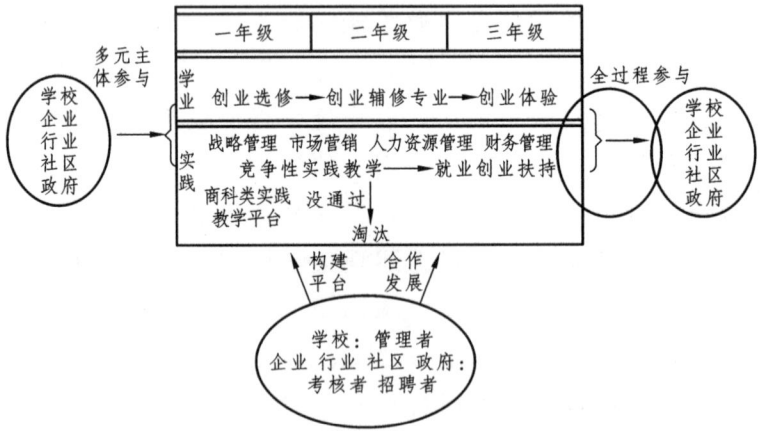

图 5.3　高职院校商科创新创业实践教学竞争性模式结构图

在政府推进高等职业教育体系多方协同改革创新的当下,进一步提高高等职业教育教学水平与质量,提升校地合作的办校方式,是高等职业院校可持续发展的必然选择。针对当前"互联网+"技术外部环境,辩证地看待竞争性实践教育模式的开发、运用,借鉴海外实践教育模式的成功案例,进而提出商科创新创业人才培养的竞争性实践教育模式。

高职院校借助职教集团和校地合作的建设基础,以合作双赢为驱动,激发起多元化主体合作育人发展潜力,深入推进合作办校、合作教书育人、合作基地建设,协力促进校地合作中行政部门、行业企业等多元化主体共同推进商科创业创新人才培养的竞争性实践培养工作,形成具有显著商科地方特色的职业教育品牌。

高职商科创业创新人才培养的竞争性实践教育模式有别于统一布置任务的创新创业实践,其贯穿于商科高素质技术技能人才培养的实践课堂教学全过程,也有别于一般的实践教育改革。它让学生以团体方式参加仿真模拟企业运营活动,并且在有期限的时间内开展公司企业的管理项目实践,其具有商业服务活动的竞争性特点。

(一)地理邻近视角下校地合作方面的问题纾解

1. 战略布局

浙江商业职业技术学院"以立足于浙江、项目服务于全国各地"进行战略布局,全面服务国家不同区域的战略需求。院校最先与浙江省内大城市及经济发展强县、市建立全方位合作或高新科技合作关系,还重视与丽水景宁县、云和县、金华磐安县等国民生产总值排行靠后区域建立扶持合作关系。随后,逐渐拓宽合作关系网络,将全国范围内相关地区都列入总体发展布局中。

2. 建设平台

借助院校电子商务学院教学资源,集成发展"互联网+""移动学习""云计算技术"等信息科技,开发搭建以"互联网+"技术为基础的商科类实践教育云平台,依托互联网将资源与人才聚集发展，渐渐形成"三进"态势——高等职业教育合作进当地政府，高等职业教育课堂教学进企业，高等职业教学成果进农村，从而实现校地合作办校、校地合作教书育人、校地合作促进学生就业等联合培养目标。

（二）认知邻近视角下校地合作方面的问题纾解

在教学形式方面，竞争性实践教学模式旨在让商科专业创新创业人才从比较封闭、面向静态数据的教育环境里走出来，借助实践教育平台和校地合作基础，体会到商科专业"真刀真枪"式的市场竞争压力，使企业、社区、政府等深层次地加入创新创业人才实践教育中，培育出企业、当地社区等"马上可用"，走上社会"立刻会干"的学生。在学生学业层面，政府、行业企业、社区等校地合作的多元化主体积极参与，将创新创业列入人才培养计划，不仅提供自主创业选修课程，还要在创业辅修专业教学中为学生提供创新创业研究成果产出、成果转化等方面的具体支持和指导，让学生可以深刻体会从生产制造、联合创造到自主创业的感受。

在学生实践课程教学层面，灵活运用政府、行业企业、社区等校地协同建设的实践教育平台，开展线上线下相结合的课堂教学。在专业课程教学中执行仿真模拟企业运营管理全过程，采用学习团队激励机制，以按时定任务考核形式对团队实践执行等级分类，以一定比例的不合格率激发学习团队的潜力。针对经营业绩较优秀的团队，由企业公司、社区、政府等支持和协助学生就业、自主创业。

在参加的多元化主体层面，借助实践教育平台，将浙江乃至全国的重要企业、社区等都引进到平台中，从而实现教育平台由传统线下为主转换到线上线下相结合的实践教育方式，为学生提供不受时空限制的个性化教育与指导；院校也从过去的课堂教学引导者转变成时间管理者、技术支持者、课堂教学资源提供者等；企业、社区、政府部门转变成积极主动的人才塑造者、人才考核者、人才面试官；学生从专业知识的被动接受者转变成积极主动的专业知识学习者、创新创业人才。

（三）组织邻近视角下校地合作方面的问题纾解

商科创新创业人才培养以校地协作为载体。校地合作具备跨界组织、跨机构协同培养的特性，为创新创业人才培养提供教学资源。

商科创新创业人才培养需要教育实践服务平台。凭借互联网技术开展商业实践活动，已经成为当下业态发展的新形势。实践教育云平台是实时跟进课堂教学、检测课堂教学成效的通道，也是企业社区、政府部门等考评、招聘人才的渠道。

商科创新创业人才培养必须高度重视竞争性实践课堂教学活动。必须加强学生头脑中的竞争意识，同时提高竞争性的实践教学质量。在实践教学中塑造学生的创新创业精神，需要实行校内校外双导师规章制度，进一步提高商科创新创业人才所需的商业化市场适应能力。

商科创新创业人才培养必须防止过度商业化倾向。现阶段商科学生已经出现实践活动过度看重商业化的势头，这样的发展情况容易把学生带入发展困境，不能正确地看待技术技能培养，甚至影响其世界观、人生观。商科优秀人才必须要有将活动转化成商业的眼界和水平，但不能将"商"看得很重，更不能丢了诚信。

三、校产合作方面的问题纾解案例

中共中央办公厅、国务院办公厅《关于推动现代职业教育高质量发展的意见》提出，要"推动校企共建共管产业学院、企业学院，延伸职业学校办学空间"。产业学院根据根植行业领域、精耕细作技术专业、服务产业的项目发展理念，切实培养产业相关领域所需的高素质技术技能型人才。其基本建设的目的是建立高等职业教育与地区产业集群联动发展机制，建立具备优秀人才培养、科学研究、技术革新、服务企业、大学生创业等功能的典型高层次优秀人才培养基地，实现跨领域创新培养的有机衔接。可以说，产业学院就是在聚集发展产业竞争能力的过程中形成的。近年来，随着高等职业教育产教融合走深走实，产业学院作为高职院校协同发展的专业技术、行业企业、产业的组织，是推进产教融合、培养高素质技术技能人才、促进技术性开发运用与产业全方位结合的一种新的办学方式，是现阶段高职院校和有关产业协会重点关注的对象。

现阶段学术界对于高职院校产业学院的直接研究不多。从有关产教融合的相关研究中，能够得知产业学院建设研究的大概趋势。其中，资源基础流派认为产教融合的资源互补可以为产业学院的建设带来助益（Mohr A t，2006）。能力理论流派认为产教融合建设主体的建设水平提升与其建设结果密切相关（Kale Prashan etal，2002）。系统论理论学派则从共生理论（张兵等，2021）、自组织（杨应慧等，2018）角度观察剖析产业学院建设中建设主体协同共生发展规律与建设发展方式。调研报告说明，我国产业学院建设成效渐显，但多维邻近性层面发展不够，造成产业学院办学成效无法全方位显现，产教融合的深层次领域探索不足。伴随着教育部、工业与信息部、国家知识产权局等"千校万企"协同创新伙伴行动的开展，校企合作战略伙伴关系与产教融合创新发展再度得到有关高等职业院校的关注。

多维邻近性理论是时下组织协作与创新研究中的重要研究工具，有较强的整合性和广泛适用性。从多维邻近性的发展角度审视产业学院建设，有助于剖析建设中社会发展、经济发展以及文化发展有关限制条件的影响，专业技术、领域、产业链中间复杂而非线性邻近联系的牵制。根据多维邻近性理论，此处以浙江省数字安防产业学院建设为研究对象，探索多维邻近性对高职院校产业学院建设产生的影响，进而提出产业学院的建设逻辑与发展措施，为数字安防产业学院的建设发展提供基础理论方面的参考。

邻近作为社会经济学、生态学、教育学等关注的重点概念，主要用以探寻邻近关联下自主创新发展的有关研究。伴随着专家学者针对邻近的内涵拓展和延伸，现阶段邻近已由单一的表现空间维度的地理邻近拓展至包括认知邻近、组织邻近、制度邻近、社会邻近、技术邻近等相互影响的多维邻近。可以发现，社会发展、经济发展以及文化发展要素在区域内趋同化较显著，邻近属性之间也有互相包含的关系。从浙江省数字安防产业学院在地理位置、行业领域、前期建设合作等方面建设基本概况（表5.2）来看，地理邻近、认知邻近、组织邻近等三个层面对产业学院建设有明显的影响。

表5.2 浙江省数字安防产业学院建设基本情况

建设单位	产业学院	区域位置合作	专业领域合作	前期建设合作
浙江安防职业技术学院 正泰物联网传感器产业园 杭州正泰输配电有限公司 温州三和量具仪器有限公司	乐清物联网产业学院	省域内合作：温州市 杭州市	物联网应用技术 大数据技术与应用 无人机应用技术	联合建设"数字安防"产业园项目
浙江警官职业学院 杭州宇视科技有限公司	宇视数字安防产业学院	市域内合作：杭州市	人工智能 大数据 物联网	共同推进1+X智慧安防系统实施与运维职业技能等级证书试点建设
浙江商业职业技术学院 杭州海康威视数字技术股份有限公司	数字安防产业学院	市域内合作：杭州市	应用电子技术 电子信息工程技术 物联网应用技术 建筑智能化技术	校企合作开展就业实习、订单培养方面合作

（一）地理邻近视角下校产合作方面的问题纾解

地理层面的区位邻近是经典的区位优势论，同时也是多维邻近性中研究最多的影响因素之一。它具体表现为主体间的距离远近，主要表现在距离带来的物流成本与传播范围等方面。为进一步推进新工科建设与新农科、新医科等统筹协同发展，多方位塑造优秀人才，与产业密切联系的高等职业院校与当地政府协同配合推进现行政策，并推动政策和文化层面得到更快的发展。企业等建设主体积极推进同创、共建、共享的产业学院建设。浙江省数字安防产业学院建设在地理邻近层面以永久地理邻近为主导，浙江警官职业学院与浙江宇视科技有限公司共建宇视数字安防产业学院，浙江商业职业技术学院与杭州海康威视数字技术股份有限公司共建数字安防产业学院，而浙江安防职业技术学院作为专注数字安防领域人才培养的高职院校，联合正泰物联网传感器产业园基地、杭州正泰电器、温州三和测量仪器等企业及属地政府共创乐清市物联网技术产业学院，探寻混合制改革育人模式。地理邻近对产业学院建设产生的影响主要从组织协同与专业知识扩散多个层面充分显现，从长远来看还会拓宽出非物理层面的地理邻近状况。为此，应进一步加强知识技术的流动性与重塑性。但过分依赖物理层面的相互链接关系，也会造成产业学院建设方式方法僵化，从而造成区域内部的单一化建设发展，可能会使产业学院的建设缺失产教融合的外向发展与探索能力。

（二）认知邻近视角下校产合作方面的问题纾解

认知邻近的关键在于加强产业院校建设主体之间的沟通能力，其中所体现的共同认知基础其实已经融入技术邻近，也涵盖了地区性逻辑思维、个人行为等方面的文化邻近，体现血缘关系等的社会资本、信赖信任感的社会邻近等。产业学院融入区域经济发展需求，推动高等职业院校人才的技术技能全面提高，推动文化教育、人才发展、创新创业和产业链等多链条连接。产业学院建设中认知邻近还会受到共建单位已有专业知识技术等多个方面非相似性的影响，如在交流合作中知识和技术技能消化吸收程度以及多元主体在共创合作中的积极性表现等。认知邻近还表现出技术邻近，高等职业院校在物联网技术、大数据技术、人工智能技术等数字安防技术专业相关行业所培养的人才与技术开发成效，在一定程度上会引发具备类似知识和技术技能的数字安防企业的兴趣，进而融合企业的发展战略开展互利共赢的新项目共创、成果共享、权益双赢人才培养共同体建设，其建设要旨和《新工科研究与实践项目指南》《现代产业学院建设指南（试行）》契合，直接关系到产业学院外界协作的深度、广度与效度。2022年，北京大学信息技术高等研究院作为牵头单位，联合省标准化研究院、智慧视频安防制造业创新中心等编制《浙江省数字安防产业链标准体系建设指南（2021版）》，作为全国首个数字安防产业链标准体系建设指南，是安防产业高质量发展的顶层设计，是全国乃至全球数字安防产业的样板标准。其作为标准化的服务规范制度具有制度支持的影响和作用，将成为数字安防产业学院建设的指南。除此之外，产业学院建设主体的认知邻近还对异质性专业知识、数字资源整合和应用能力水平产生相应的影响。但是，过多的认知邻近也会影响到产业学院建设的创新性与高效性，而仅仅按照现行政策、手册等开展建设的方式又存在被效仿的风险，还会进一步降低产业学院建设主体的主动性。

（三）组织邻近视角下校产合作方面的问题纾解

组织邻近主要是衡量多元化建设主体所构建的关系网络强弱，其中既包括多元化建设主体的制度邻近，也包括建设主体多边合作关系的关系邻近。组织邻近的发展既能降低建设主体的焦虑，又能保证技术创新发挥重要的作用。此外，还能够降低建设主体互动沟通交流所产生的成本开支，同时为主体行为供给丰富且多样化的创新资源，以保障并提高建设的效率。组织邻近对产业学院建设产生的影响，主要体现在其建设成本和社交网络关系搭建两个方面。根据组织的相关性与前期合作伙伴关系所构建的关系网络，异质性组织主体的深度合作更加畅顺，能有效管控共建过程中各类突发事件。如浙江安防职业技术学院立足自身产业优势，与瓯海区政府部门、安防行业协会、国防科工行业协会、数字安防公司推进共建，积极建设温州"数字安防"产业园基地，为后期产业学院建设打造创新生态圈。除此之外，统一组织行动推动了组织邻近的发展。依据2022年浙江省安全技术防范行业协会公布的《浙江省数字安防产业人才发展行动计划（2022—2025年）》，强调以产教融合为突破口，甄选20所高等职业院校，与学校创建深化合作机制，创立产业学院，促进安防优秀人才定点培养的产业基地建设，强化技术创新、应用型、技能型人才的开发与培养。此外，该人才培养行动计划也为产教融合的具体发展指出了基本途径，即协同宇视科技、海康威视及大华股份等头部企业和高等院校共建产业学院，进而形成具有多维邻近性的合作伙伴关系网络生态。但是，过于重视组织邻近也会导致建设主体的行动创新机制呆板，而组织邻近的疏离则会增加机会主义的风险，这又会对建设成本造成影响。

本章小结

多维邻近性视角下高职产教融合协同育人共同体模式韧性发展是全面提升技术技能人才培养质量的重要方式。分析多维邻近性对高职产教融合协同育人共同体模式韧性发展的影响，有助于瞄准痛点与难点，从关键处发力实现教育改革创新发展。本章先从高职产教融合协同育人共同体模式韧性发展的问题归因入手，总结出：地理邻近基本形成，产教融合协同育人共同体模式建设路径僵化；认知邻近发展不足，产教融合协同育人共同体模式存在技术壁垒；组织邻近协调不足，产教融合协同育人共同体模式发展潜力受限。接着从地理邻近、组织邻近、认知邻近等多维邻近性视角入手，分别从校企合作、校地合作、校产合作等三个方面分析其影响。借助动漫产业背景下"人工智能+"对动漫人才培养的要求，分析校企合作方面的影响。在分析地理邻近对校企合作方面的影响时，提到发展面向集群的协同智能、发展面向环境的混合智能。在分析认知邻近对校企合作方面的影响时提到发展面向状态的感知智能，开展基于集群的交互式培养等。在分析组织邻近对校企合作方面的影响时，提到发展面向任务的群体智能，并从四个方面指明促进动漫人才面向任务的群体智能发展方向。在分析校地合作方面的影响时，借助高职院校商科创新创业实践教学，论述在战略布局与建设平台方面的地理邻近影响、教学实践中的认知邻近与组织邻近影响等内容。在分析校产合作方面的影响时,提到与产业学院建设相关的多维邻近性影响。

第六章

多维邻近性视角下高职产教融合协同育人共同体模式韧性发展的经验举要

第一节 德国产教融合协同育人共同体模式韧性发展的经验举要

一、发展情况概述

德国的高职教育根据院校所开展的业务类型来看，其可以分成学历提升和非学历教育两种。从所属阶段来看，普通高中教育后的职业教育是高阶职业教育，其主要目的是培养生产一线的技术技能人才，属于职业岗位的启蒙类教育，较为注重实践活动，体现出以产业发展规划为导向的教育发展特点。德国职业教育体系主要分为高职教育学历教育（职前）和高职教育非学历教育（职后），前者包括应用科技大学（FH）和职业学院（BA）两种，要求培养具有很强的专业性、侧重实际应用的高级技术型人才。其目标岗位为大中型企业的高层或小型企业管理层和技术骨干等人员。后者通过"双元制"培养模式，使文理高中的毕业生成为比技术工人更高层次的实用人才、高级专业人才以及中高级管理人才。高职教育非学历教育（职后）主要包括高等专科学校和师傅学校，前者主要培养中级专业技术人才，即工程师助手，作为工程师和工人之间的过渡；后者培养能在大中型企业担任中层或中层以下部门领导、技术骨干并能培训徒弟的人才。

德国推行"三证合一"的就业准入制度，"三证"是指考试证书、培训合格证书和职业学校毕业证书。在德国双元制职业培训体系中，学徒工约三年的职业培训完毕时，结业测试合格后即可让学生就业。依照德国《职业教育法》的要求，主管机构（产业协会）负责开展国家认可培训学习的结业测试，其目的是明确学生是否可在复杂的具体工作环境中担任专业技术工作。结业考试则是一个"三证合一"的考试。

德国的产教融合协同育人共同体模式主要体现在德国的双元制上。众所周知，德国的双元制为其经济发展培养了一大批各层次和不同种类的专业人才，被称作造就德国经济奇迹的撒手锏。德国的双元制是有国家法律依据、校企合作办学共建的办校规章制度。双元制中的一方是高职院校，负责教授与岗位相关的理论知识；另一方则是企业等课外实践场地建设主体，主要职责是负责学生的专业技能等方面的专业技能培训。

在该模式下，职业技能培训是在学校和企业等多个截然不同的场所完成的，但技术技能的培养关键还是在企业搭建的场景中进行。在企业中，培养培训的时长一般为学校知识理论学习时间的三到四倍，内容较为突出职业技术培训。培训期间要求具有实际操作能力强的且具有广泛市场认可度的企业人员深度参与。职业院校的每一个技术专业均设有专业指导委员会，其中的人员主要是由学校和企业人员配备，校企人员合作共同完成教学工作计划的制订、执行、检查和调节，互相配合推进教学内容。除此之外，为使校企合作办学的共同体模式发展更为完善和顺畅，政府部门出面积极推进，主要从两方面入手加强共同体的韧性。一方面，企业进一步共享技术与教学成果，其主要依据为院校的财政支持比例；另一方面，学校依照企业发展需要培养技术技能人才，并接纳企业在资金方面的支持。与此同时，政府部门以开设产业合作委员会的方式对院校和企业等多方开展检查和监管，并给企业提供一定的财政支持与补偿。

二、主要特点

德国的职业教育由联邦议院立法,明确具体教育培训内容和工作岗位要求。联邦政府部门公布标准及实施举措,联邦职业教育研究所负责管理决策、协调和咨询等。德国各州教育单位负责对职业技术学校进行管理,同时负责普通教育以及职业教育的相关政策制定与执行。在州一级还建立了由雇主、雇员以及政府当局代表所组成的州职业教育委员会,主要促成职业技术学校和企业的深度合作,形成一个各方面职责明确、管理有效的多层级管理体系。

1. 联邦实施校企合作办学的主体多样

联邦是执行主体,其主要包括德国联邦经济劳动部、联邦教育研究部和联邦职业教育研究所等。联邦教育研究部作为职业教育执行法律与协调的重要单位,主要是协调联邦教育研究所解决关于职业教育根本性与全局性问题,为研究机构及其计划提供资金支持及教育政策保障。对国家职业教育的发展趋势开展持续跟踪,并在每年四月一日之前向联邦政府部门正式汇报。汇报务必表明职业教育的现况及其可预料的发展趋势,同时就存在的有关问题明确提出对策与建议。

联邦经济劳动部与联邦教育研究部协同,代表国家对职业教育给予认同,施行职业教育规章,使职业教育更为标准规范,并且在征求联邦职业教育研究所主管委员会的意见后,开发和验证新提出的职业教育方式和考试方式,最终确认职业教育的考试结果。

联邦职业教育研究所是联邦直属的具备公法法人资格的组织机构,主要依托科研推动职业教育的研究。其成员主要是由联邦职业教育研究所主管委员会和所长构成,所长代表依据联邦政府部门的建议任命,归属于公务员系列。主管委员会由八名雇主代表(主要负责人)、八名雇员代表(企业培训师)、八名州政府代表(职业院校教师)、五名联邦代表、地区最高协会及科学咨询委员会、残疾人问题委员会构成。

2. 德国各州实施校企合作办学的主体多样

在德国，作为各州实施校企合作办学主体的有州文教部和州职业教育委员会。州职业教育联合会作为融洽各州职业教育发展关系的协调机构，主要是由州政府聘用雇主代表、雇员代表和州最高单位代表构成，各代表都具有各自的代理委员，州最高部门的代表务必有一半是学校教育方面的专家。

3. 各地区实施校企合作办学的主体多样

在德国，产业行业协会就是针对职业教育地区一级的实施建设主体，主要包含工商产业行业协会、手工制作产业行业协会、农业协会、律师协会、医师协会等经济组织机构。以上协会在德国职业教育体系里具有重要的功能，是关键的能起到自我约束与管理作用的组织机构，工作职责是评定文化教育企业资质、组织机构实施结业考试、咨询监管教学活动、调解在职业教育过程中产生的仲裁纠纷等。它是由法律法规授权保障的，是政府依规授权设立以保证校企合作紧密联系的专业部门。

此外，行业产业协会下属机构包含职业教育委员会和考试委员会。职业教育委员会是为了在职业教育领域合理使用职权而设立的。由雇主代表、雇员代表与职业学校代表各六名构成，职业学校老师有咨询性投票选举权。雇主代表依据主管机构提议聘任，雇员代表依据主管机构所在区域的工会以及以社会保障制度及职业岗位现行政策为根本的雇员独立协会提议选出，职业学校老师需要由州法规定的主管机构聘任，聘用期最多为四年。

考试委员会由雇主代表、雇员代表和最少一名职业学校教师构成，所承担工作任务的委员务必了解考试内容涉及的行业领域并能参与考试事务管理工作。每一个产业行业协会都会专门开设考试委员会，不放置在任何外部的培训机构之下，充分保证了考试考核的客观性、公平性、标准性。

三、主要经验

1. 建立了完善实用的职业教育法律保障体系

到目前为止,德国出台的相关职业教育的法律有很多,构成了一套周密的职业教育法律规范。法律主要瞄准各个行业企业在职业教育里的权利和义务、面向青少年的职业教育的权利和义务、各种职业教育的组织架构等;明确规定了执行职业教育学校的名称、培养计划、课程设置、修业年限时间、办学与教学设施、办校经费来源、教师资格证、教师进修、考试方法与管理方案等。

德国高等教育法是由联邦政府制定的,高等职业教育法律是由各州独立制定的。联邦政府发布了《高等教育法》《职业教育法》以及《职业教育促进法》等,各州制定《职业学院法》《职业培训条例》等法律法规。德国职业教育管理机制建设并不是以联邦政府为主导,联邦政府的宏观政策调控根据法律不断增强。《职业教育法》确定了国家调控的法律地位,用法律形式明确了德国双元制职业教育规章制度。企业员工培训等要遵守联邦政府制定的全国统一的企业培训规章制度,学徒工所选的培训岗位一定要在《职业培训条例》中有所规定,同时也是国家认可的。该法律的施行,为德国各州的职业教育确立了普遍而统一的法律基础,确保了国家在职业教育中的影响力。《职业教育促进法》保证了职业教育的质量,同时将职业教育与培训需求结合起来,形成公共事业的义务和责任。后来又制定了《职业教育改革法》,且于2005年联邦政府又将《职业教育法》与《职业教育促进法》联合形成了一个新的《职业教育法》,进一步严格规范了职业教育的基本组织,并制定相应的规则,在使经济可持续发展的同时能够更好地实现个体所需,且主动应对发展的问题,推动职业教育全球化发展。此外,还有《实训教师资格体例》《企业基本法》以及一些面向企业的相关法律法规,如《手工业条例》《企业培训合同》等。一系列的法律法规包含职业教育的方方面面,构成了周密的法律框架,确保德国职业教育高速健康发展。与此同时,法律法规本身也会随着环境的不断变化而及时更新调整，这样又促进了德国职业教育的健康有序发展。

2. 多源头的经费投入是德国高等职业教育发展的关键

德国高等职业教育由多个部门协同参与管理，其经费预算保障管理体系也呈现出多样化，已经形成了一个由公共财政收入和个体经济一同承担的混合经济保障模式。

政府对于职业教育发展的资金给予大力支持，是高等职业教育迅速发展的根本因素。联邦《企业基本法》明文规定国内生产总值的1.1%、薪资全年收入的2.5%用于高等职业教育，并要求由议会核准监管。依据德国相关法律法规要求，高职教育经费分别由联邦、州政府及企业承担。公办学校的经费由地方与州政府一同承担，一般教职员工薪水和养老保险金等相关费用由州政府承担，另外的事务性工作支出等则由地方政府支出。联邦政府只提供少量经费，而多数由各州和地方政府提供。企业举办的高等职业教育的经费完全由企业单独筹备。

企业提供教育经费是职业教育发展的重要手段。企业提供教育经费主要表现在两方面：第一是国家立法规定向企业筹集办校资金，第二则是企业本身承担职业教育的支出费用。联邦的《职业教育促进法》明确规定，德国的全部国营企业和私营企业，不论是培训企业还是非培训企业，在一定的时间内应向国家交纳一定数量的中央基金，由国家统一分配和派发该基金。企业内所发生的职业岗位培训花费均由企业承担。企业直接支持的经费是德国高职教育经费预算的主要来源。大中小型企业一般采取投资创建职业培训中心，购买培训机器设备并承担实践教师的工资和学徒的培训补贴的方式。中小型企业则一般没有培训中心，学徒必须到跨企业的培训中心参加培训。企业除了需要开支实践教师的工资和学徒的补贴外，还需要缴纳跨企业培训中心的相关费用。此外，还以多种多样的基金形式开展集资，其形式主要有中央基金形式、劳资关系基金形式以及特殊基金形式等。

3. 建立了科学完善的质量评价体系

对于学校教学质量的考评，德国政府部门建立了由受过专业的质量管理培训的教育权威专家、教育行政管理人员与企业员工组建而成的办事机构，即教育质量考评委员会，专门承担科学研究制定教育教学质量机制和评估办法，以及对学校的教学工作计划、课程安排、教学实施全过程与学习效果等多个方面进行定期的质量考评。教育质量考评委员会与学校及企业开展深层次的合作，以重点推进教育教学课题研究、院校教学质量服务体系的咨询与评估等工作，保证教育教学的质量。

在德国的高职教育教学水平质量评价过程中，行业协会的管理监督与评定也起到了十分重要的作用。德国一共有480多个地方级行业协会，其所属职业培训委员会具有对培训的机构与部门在其组织、执行等环节中的监督审查权。职业培训委员会的主要职责则是针对学徒培训的企业进行相应的资质认定，由培训咨询顾问对提供学徒培训的相关企业及其培训质量进行全面的监管，对培训质量不符合规范的企业给予一定的处罚。行业协会能够很好地对行业从业人员的综合能力素养进行相应的判定，对其中存在的问题及时向政府相关教育部门反馈，以便进行相应的调整。同时，针对同一职业安排全国统一的考试，考试通过的则统一授予合格证书。

此外，还针对学生学习的效果进行考评。《职业培训条例》中明确了每一类别职业考试的具体要求，由产业行业协会下属的考试委员会承担出卷和出题等工作。为了紧密围绕本产业发展的最新动向和热点工作，行业协会一般还会邀请具备代表性的企业公司参与出卷出题，考试的内容不仅有基础理论，也涉及全过程的具体工作。联邦政府《职业教育法》明确规定，学生在高等职业教育期间必须要进行两次考试，第一次是中期考试，一般在入校一年到一年半时间开展，通常是查验企业培训计划的实施情况，让学生通过考试来回顾前一段时间所掌握的学习内容。中期考试以笔试题目为主，达标的可进入第二次毕业考试。毕业考试是全国统一按规定在统一时间开展的，该考试主要体现实操内容，由学校代表、企业代表与手工业或工商协会代表多方主体成员开展的面试来决定最后成绩。毕业考试成绩合格的学生最后会获得考试证书、培训合格证书以及职业院校的毕业证。

国家层面的有效干涉在产教融合协同育人共同体模式的推进中起到了重要的作用。德国政府部门根据法律对职业教育的各个阶段做了统一规定。根据法律法规确定了九十三个大类、三百七十一个职业并明确了法律规定的职业才可以开展培训、考评以及颁发资格证书。与此同时，进一步规范职业考试的规章制度，颁布了《考试条例》《标准考试条例》《职业教育条例》以及《职业教育法》等，要求考试的各个环节由互不相关的组织机构依照法定程序组织实施。

第二节　澳大利亚产教融合协同育人共同体模式韧性发展的经验举要

一、发展情况概述

要观察澳大利亚产教融合协同育人共同体模式的发展情况，首先要了解其职业教育的大致发展状况。澳大利亚的职业教育既独立于基础教育、高等教育而自成体系，又与这两者上下衔接，形成立交态势。

1. 以职业资格为中心的国家框架

澳大利亚职业教育体系国家框架包含三部分：国家资格体系 AQF（Australian Qualification Framework）、国家培训质量保证体系 AQTF（Australian Quality Training Framework）、培训包 TP（Training Package）。三者主要从结果控制、流程管理和培训实施等几个方面各尽其责又互相协作，一同协力促进职业教育发展。统一与贯通是澳大利亚职业教育国家架构体系的特点。统一是指全国标准的一致性，以提升用工企业对职业教育的信心；而贯通则包括教育与职业的贯通、职业教育与其他类型教育的贯通以及职业教育体系内部各子系统的贯通。

AQF 的目标是以学历资格标准的视角贯通澳大利亚三大教育体系，进而组成"高架立交桥"。根据对学生前期学习成果的认证，贯彻落实终身学习理念的核心价值，促进学历资质体系的全球化发展。AQF 的特点是结果导向、全国统一、实施便利、过程透明。TP 是一种教学实践标准，由国家认证和辅助材料两部分组成，其中国家认证部分包含能力标准、资质构架和鉴定指南等三项具体内容；辅助材料包含学习方法策略、鉴定材料及专业发展材料等三项非认证的内容。

无处不在的行业因素是澳大利亚产教融合、校企合作办学开展多层次深度合作的根本原因和根本保障。可以从以下几方面来看：首先，行业企业主导 TAFE 学院的学习培训标准的制定和修订，从源头上确保 TAFE 学院为企业发展而办，保证立足于行业领域，用工企业对 TAFE 学院的建设与教育教学成效具有较高的满意度。其次，企业全程参与产教融合协同育人，包含课程标准的开发与完善、TAFE 学院课堂教学材料的确认等。最后，企业深度介入职业教育，主要表现在行业是 TAFE 学院办学绩效的重要评估者，企业代表对 TAFE 学院办学深度介入。

2. 产教融合协同育人的澳大利亚 TAFE 模式

TAFE 是 Technical and Further Education 的简化称谓，即技术与继续教育。TAFE 模式是政府引导，与企业行业密切合作，具备统一的教育与培训标准规范，主要是以职业教育与培训为主，是一个面向职业资格准入、结合职业资格与职业教育、注重终身教育培训、集中体现以"能力本位"为特征的职业教育模式。

该模式的主要优势主要体现在：

（1）普职全线贯通，修业年限灵活，生源丰富。TAFE 学院学生并没有年龄的限制，如此则打破传统教学的局限性，设立了"学习—工作—再学习—再工作"的周而复始的终身教育模式。

（2）依据学生的具体特性，开展课堂教学活动。为学生提供多级别的资格证书，由低到高共六个等级，学生根据自己的情况开展选择性学习。在教育管理方式上，选择学分制模式，学生根据自身状况选择不同的学习方式，如实践现场学习、课堂教学学习、网络学习，并选择对应的学习时间段等。

（3）强化实践课程教学。在课程教学的设置上可以看到，基础理论课和实践教学课的比例基本相同，学院也建立了丰富多样的学生实践基地。

（4）行业企业和院校在整个教育教学活动中密切合作，全程参与各项教学活动。

（5）具备浓厚学术背景的双师型教师团队。任课教师均来自具备社会实践经验的专业技术人员，必须拥有四级技能等级证书和四到五年的具体实践工作经历，这为人才培养工作提供了保障。

二、主要特点

澳大利亚的职业教育是作为一种产教融合协同育人共同体模式进行发展的，不仅具有其他发达国家职业教育的普遍特点，而且本身还具有鲜明的特性。

1. 多因素构建融洽的生态系统

澳大利亚产教融合校企合作的保障体系中，政府部门、行业企业公司、职业教育与培训学校这三大建设主体分别有不同的权益追求，而管理机构、法律法规和经费保障三者又相辅相成、互相渗透、相互依存、互相制约。三大建设主体作为系统的有机存在，三大因素则作为系统的环境存在，形成了一个复杂的生态系统。三大建设主体的教育产品、教育投入与教育管理权交互，产生职业教育的用户、生产者与分解者。澳大利亚产教融合校企合作保障体系里的三大因素即管理机构、法律法规和经费保障组成职业教育产品交互的中介环境，联邦政府和各州、当地政府以及行业企业、职业教育组织机构根据专门管理机构对校企合作进行监管，根据现行政策法律约束多方主体的行为，也通过经费预算的筹措和分配确保协作的正常运转。

校企合作保障体系是一个外向的、循环复始的系统，职业教育组织机构所提供的教育产品可以满足行业企业的消费要求，各级政府与有关管理机构能够和行业企业等协作并给予职业信息和教学资源，而资金的投入确保了生产需求与供给的均衡，使生态体系与环境能够维持教育产品、教育消费，使职业教育有关数据交换达到平衡状态。

2. 建立牢固的合作伙伴关系

职业教育产教融合校企合作是社会经济发展的产物，也是资本理论在市场经济中的衍生物，决定了它的行业主导性以及以需求为出发点的战略伙伴关系。产教融合校企合作的落脚点与出发点是满足行业领域、企业和学校的实际权益。因而澳大利亚校企合作不仅仅是院校人才的培养与企业职位需求的技术对接，更是校园文化与企业文化融合沟通的桥梁。澳大利亚政府部门、行业领域的企业和职业教育与培训学校达到统筹协调，以统一的目标实现为驱动，完成了驱动力传输、组织机构联动。以适应区域发展需求和处理区域问题为基础，澳大利亚职业教育产教融合校企合作无论是从经济发展视角还是文化角度，都具有重要价值。

3. 行业主动参与以及各方协同治理

澳大利亚联邦政府和各州、领地政府在职业教育的产教融合校企合作之中起着导向性作用，制定相关法律法规对行业企业施压，要求行业企业务必为职工选购职业技术教育的学习培训，推动企业和教育机构合作。此外，政府部门下放部分权力，使校企合作有足够的自主管理权。校企合作彼此自主管理、相互制衡。在职业教育合作伙伴关系中，行业企业及其所在地区的各种团体、协会积极参与。行业企业不但提供培训目标、参与制订培训标准，还参与课程体系的设置和评定。不难看出，在澳大利亚的校企合作中，相关法律法规政策对行业角色的要求，促使行业企业并不只在作为签约合作的个案充分发挥作用,还在产教融合校企合作决策方面具有广泛而深远的意义。

4. 有效的政策法律制度的权责规定

在澳大利亚职业教育领域具备里程碑意义的《坎甘报告》是于1974年出台的,其开启了澳大利亚TAFE学院创立职业教育的新格局,使职业教育作为一种消费品,行业企业变成消费者,以需求为导向,以社会经济发展为主要目标,不断增强企业的积极性,使院校、企业、政府部门全程参加,构成了产教融合校企合作协同育人共同体的发展新趋势。《坎甘报告》将学历提升与专业技能培训紧密结合,促使职业教育与学习培训拥有较以往更高的影响力,使校企合作在制度上得到确立。为了提高澳大利亚劳动人口就业技能和质量,提升劳动人口生产率和竞争力,1990年出台了《培训保障法》,对企业职工参与职业技能培训的相关事宜进行了明确的规定,形成了行业企业参与产教融合协同育人的外在动力机制,使职业教育产教融合协同育人有序开展。2003年出台了《塑造我们的未来——澳大利亚职业教育与培训 2004—2010 年国家战略》(Shaping Our Future—Australian National Strategy for Vocational Education and Training 2004—2010),其中明确了职业教育要完成4个任务和符合12条现行政策,阐述了行业企业在预期专业技能要求及提升生产服务方面的重要性,然后把雇主的吸纳水准以及雇主对职业教育达到人力资本专业技能的需求满意度作为职业教育与培训的重要绩效考核标准之一,体现了澳大利亚职业技术教育现行政策法律对行业企业参加职业教育的责任和义务。2005年出台了《技能立国——澳大利亚职业技能教育与培训发展的新理念》(Skilling Australia—New Direction for Vocational Education and Training)报告,进一步探究了职业教育与培训的新思想、新理念。此外,除了不同阶段政府部门方面的政策法律以外,各个地方政府部门也颁布了相应的法律法规。

澳大利亚职业教育法律从政府部门到地方基层两个方面互相融

洽、互为补充，构成了完备的职业教育法律体系。各类法律、现行政策将行业企业作为法律要求的对象，行业企业、职业教育培训机构组织及其政府部门三个建设主体在法律政策中承担不同的责任。比如，《2004—2010国家战略》中4个任务和12项发展战略里都涉及行业企业。此外，澳大利亚职业教育法律的覆盖范围比较广泛，明确了职业技术教育校企合作的各个领域。各种专门的法律现行政策的确立为产教融合校企合作的进行提供了制度上的保证。其次，澳大利亚的各种法律具有较强的可执行性和制约性。比如，《培训保障法》对审批的类型和审批支配权有明确的规定，其中有对没有激励员工并让员工获得相对应培训的行业企业予以处罚性的规定。各类法律会及时修订，以适应职业教育与学习培训发展的快速发展需求。

5. 多元化高效的经费投入

澳大利亚职业教育校企合作办学的经费主要来自政府部门、企业及其他投入三个方面。澳大利亚政府部门方面对职业教育投入主要是以法律的方式规定，对符合条件的州等进行支持。受政治制度和经费管理机制的影响，澳大利亚职业教育的经费由联邦政府和州政府承担，其中联邦政府拨款占政府部门拨款的三分之一，州政府占三分之二。企业公司作为校企合作的主要参加者和获益者，势必会出相当一部分资金予以支持。他们一般以资金投入、捐助设备及提供培训服务等方式进行投入。而其他的资金投入主要体现在为企业员工提高技术技能而购置的职业技能培训服务，这一部分开支严格来说不属于产教融合校企合作的范围，但事实上是一种隐性投入。

6. 科学合理的质量保障框架体系

澳大利亚校企合作质量管理保障体系由三个部分构成，即澳大利亚学历资质框架、澳大利亚质量培训框架和培训包。澳大利亚文凭资质框架（AQF）是澳大利亚教育与实践培训认证统一的国家政策，不同类型的教育与职业培训资格认证都列入这一综合性的国家资格认证框架中，其中包括职业教育、高等教育与培训机构。该框架于 1995 年发布,2011 年进一步出台了一套完善的政策及总体目标信息系统。在这一套新体系中,职业教育包括高中、高中后与高等教育三个部分。将职业教育与普通教育实现了完美对接,并且在资格认证的因素中加入有关工作经历的规定。具体而言,应届生的工作经历主要来源于校企合作实践探索类课程,已经有工作经历的人士,用有关工作经历来冲抵一部分课程内容就能获得资格认证。这一方案显然对产教融合协同育人的执行起到了非常大的推动作用。

澳大利亚质量培训框架(AQTF)是保证全国各地职业教育质量水平而制订的政策,其中还有对职业技术教育与学习培训服务提供者的认证框架和各州等培训组织机构课程的认定标准。该框架是2002 年发布的,2010 年进行了调整。框架要求提供培训的相关组织机构需要达到建立在全国行业培训包基础上的课程设置规范的要求。行业企业共同参与学习培训框架的制定。

培训包是政府和行业企业以及培训咨询管理机构一同开发出来的职业技术教育与培训课程体系。该体系包含澳大利亚职业技术课程的统一标准,培训后实现的能力水平要求、资质体系和职业资格证的授予,同时还包括如何获得职业资格认证和培训后就业方向等。培训包为职业教育课程体系的开发和评定提供了依据。

三、主要经验

澳大利亚的教育有力地促进了经济社会的发展,满足了社会对高素质技术技能人才的需求,直接的受益者是校企合作办学最直接的参加者。高职院校经营规模拓展后,教育质量大幅提升,受教育者的专业技能有所提高,企业的满意率提升。与此同时,澳大利亚职业教育得到空前发展,赢得了很好的国际声誉。

1. TAFE 成为世界上普遍认可的一种产教融合典型模式

澳大利亚的职业教育,最令人瞩目的是 TAFE 学院,它是产教融合校企合作的典型模式和主要载体。在 20 世纪 80 年代中期,TAFE

学院以及分院的数量已经达到了千余家，超过综合类大学和高等教育学院的数量总数。TAFE学院的校企合作具有如下特征。

第一，企业全方位深度参与TAFE学院的工作。首先，行业企业参与TAFE学院的监管。TAFE学院有一级董事会，属于学院决策高管层，主要是由生产制造企业第一线的专家构成，一般每个季度召开一次会议。对学院的学校办学规模、人力资源管理分配、资金分配和使用、高等职业教育产品的开发等开展商议和管理决策。其次，行业企业审批学院课程内容，技术专业是否开设也需要行业允许。全国行业培训咨询委员会预测分析该专业的技术人才数量与专业素质要求，由区域教育局和行业组织进行严格把关。TAFE学院课程内容必须符合行业的需要，以国家统一的行业能力标准和培训包为基础，教学管理单位、行业组织、企业和TAFE学院一同研究教学内容与课时划分。而且，TAFE学院还需要按时组织行业企业的代表来参加职业技术教育培训交流会，征求行业企业专家的意见。最后，行业企业与TAFE学院携手共建教师队伍。学院一般要求任课老师具备行业工作经验、教育学学历与三到五年的企业生产制造经历。行业企业不但参与学院老师的聘用，还按时接纳TAFE学院老师们参与企业实践活动。而且，一批行业专业技术技能专家在学院举行培训讲座、技术指导，也作为兼职老师授课。此外，行业企业还支持实训基地建设并接受学生的顶岗实习。TAFE学院实训基地建设主要是由政府与行业企业支持。其支持方式是投入资金与捐赠机器设备等，以确保实训基地设施设备更新情况与行业发展保持同步。TAFE学院的一些课程是在工作现场完成的，行业企业接纳学生到生产现场顶岗实习，由岗位工人现场指导。

第二，校企共同开发职业教育产品。对于职业教育产品的开发，政府部门投入资金，汇聚各行业的有关代表和学院代表一同商议产品的制作计划、制作流程、制作内容等。产品开发的原则以行业要求为主要标准。培训包之所以能够体现行业要求而变成实施行业的需求规范使用说明书，是因为其体现了行业的需求。

第三，行业企业控制了TAFE学校的办校质量。澳大利亚国家培训局承担完善全国质量管理体系并协助贯彻落实的任务，国家培训局董事会授权委托国家培训质量委员会监管澳大利亚质量培训架构和培训包的执行情况，协助 TAFE 学院提升高等职业教育和培训质量，审批各州等区域所有职业教育与培训组织机构并评定其办校质量。该委员会由企业负责人、员工与政府部门代表构成，决定了 TAFE 学院的办学质量。

2. 职业教育能力本位的人才培养定位得以落实

澳大利亚高等职业院校对学生的培养始终坚持能力本位，从课程内容的开发至职业资格认证的取得都内含学生实际职业技能的培养与训练。澳大利亚各有关行业的能力标准委员会明确了各行业的国家能力规范，尤其重视学生在各个不同环境里知识技能的应用能力培养。该能力的培养不但可以满足学生长期发展的主观需求，也可以满足行业企业提高劳动力素质的理性需求。通过校企合作，学生能力得到提升，因此选择和购买职业技术教育与培训的人也越来越多。

3. 企业更新换代的能力进一步加强

行业企业是校企合作的最大受益者之一，澳大利亚的行业企业和职业教育与培训之间相互依赖、互相促进。校企合作办学促进了企业员工职业技能的提升。由于经济的飞速发展，技术性岗位要求也呈现出螺旋上升的变化趋势，使得职工需要不断接受培训以符合岗位实际需求。正如《塑造我们的未来——澳大利亚职业教育培训 2004—2010 年国家战略》中提到的，澳大利亚的职业正发生着令人惊奇的变化，在 920 万个工作中已经有超过一半的工作在 1965 年消失了，预计有 150 万个新的工种会在十年内产生。由此可见，职业教育产教融合、校企合作不仅可以使年轻人接受培训，现有的职工也都需要进行专业技术培训，如此可以大大提高人力资本的质量，为行业企业等的发展提供人力资源的支撑。

总之，高质量的产教融合校企合作，对于行业企业来说可以实现行业生产核心能力的集中化发展。集中在主要业务的做法，可以在提高产品与服务质量的同时有效控制成本，及时填补专业技能的不足，有益于提高行业的竞争能力。对于学生来说，能够更好地服务客户，实现企业的使命、价值观念、政策及发展战略规划，提高自己的专业技能、知识与信心，在工作上充分发挥作用。尤其是学生第一次得到国家资格证书认证，对于提高工作的热情和生产力水平都有很大的意义。针对 TAFE 学院而言，通过产教融合校企合作办学培育一批出色的师资力量，可以提高院校品牌影响力，赢得外部良好的声誉。

第三节　我国高职产教融合协同育人共同体模式韧性发展的经验举要

一、发展情况概述

高职产教融合协同育人多由校企合作办学、工学交替等形态高等职业教育产教结合演化而成，多体现为内部、置入的产教融合协同模式，在课堂教学实践中承袭过去协同发展的方法，根据高职教育人才创新发展趋势、技能水平累积与产业紧密联系，从而与社会经济发展发生聚合效应。产教融合的第一种关键模式是内部模式，在高等职业院校搭建"众创空间—创业育苗—创新创业孵化器—创业网络加速器"等系统化项目孵化绿色生态，推动高等职业院校"创新创业产教融合"教学模式创新，与政策扶持、股权融资指导、助推创业创新一同提高产教融合的质量与水平。如广西城市职业大学明确提出"立足于技术专业谋生存，跳出来专业技术谋发展"的办学指导思想和精准定位，将创新创业课程内容与实践环节纳入人才培养方案，全力支持学生的专业技能大赛活动与成果、科技创新项目与成果、创业训练与实践项目成果，提高创新创业多重共同体孵化效用。第二种是植入模式，政校企合作多方以"特色化""项目制""毕业实习""引企进校"等形式开展课程内容共创、专业共建等平稳发展且紧密对接的人才培养。如广东工商职业技术大学的酒店管理专业以分段渐进式实践教学改革，对接广东省国际型五星级酒店，连续5年持续输送学生在五星级酒店顶岗实习，发展较好的学生在酒店直接晋升基层管理者。西安信息职业大学与72家单位共创校外实习实训基地，从基础技能、综合技能、生产制造技能、自主创新技能等四级水平渐进的视角，从课程内容、专业技术、人才培养等各个方面开展校企合作。

除此之外，高职产教融合协同育人专注于培养相较于传统高等职业教育具有更加宽厚的研发技术、工艺技术等高端技术技能的专业人才，亟须融进更多的产学研用多方面发展要素，并且以产教融合协作、拓宽模式重点发掘突显其科学研究的特性。现阶段，该类模式的产教融合已在高等职业教育中产生多元化多维度的科研成果。第一种是协作模式，致力于打破产业和职业教育的体系界限，整合二者的优势，在地方政府与产业园的努力下，多方面共创共治二级学院、产业学院，为创新发展提供良好的驱动力。如泉州职业技术大学积极追踪本地产业发展规划，紧紧围绕福建省装备制造业、石油化工设备、纺织品鞋服等核心和主导产业要求，以专业群建设为载体，和企业、行业、社区开展深度合作，开办针对性很强的17个二级产业学院。二是拓宽模式，借助"走向世界"的企业公司输出职业教育的国内模式、计划方案与标准等。如西安汽车职业技术大学根据教育部主导"中德汽车职业教育（SGAVE）"项目合作，实施海外校企合作办学，在引入德国职业教育学习培训模式、汽车生产加工及服务工作经验的基础上，协作开发产教融合课程设置，开发德系品牌汽车技能型人才的培养培训标准，协同开展示范性培训，打造资格证书服务体系。总而言之，高职产教融合协同育人模式是在政府关于深化产教融合管理制度的催化下演变形成的，在同一个高等职业教育实体之中仍具有多种不同模式并存的情况。

二、相关案例概述

高职产教融合协同育人已经在专业领域开始发挥出重要作用，

其在地理邻近、组织邻近、社会邻近等方面的发展尤为顺畅，为进一步推进高职产教融合协同育人共同体模式韧性发展，使"韧性"在产教融合协同育人中发挥出具体成效，需要主动借鉴泛产教融合领域的相关实践研究。劳动教育领域已经出现的数字化发展就值得学习，其中已经展现出技术邻近的多维邻近性，是值得在高职产教融合协同育人共同体模式中加以推广的。

下面以职业院校劳动教育为例，阐述当前我国高职产教融合协同育人共同体模式韧性发展的情况。劳动教育发展源远流长。马克思、恩格斯等指出，人是劳动的产物，劳动创造了人类生存所必需的全部物质条件和精神条件，劳动是人类全部社会关系形成和发展的基础，劳动是促使社会历史发展的根本推动力量。习近平总书记关于劳动的系列重要论述是在继承和发展马克思主义劳动思想的基础上，回应新时代中国特色社会主义发展所面临的新使命和新课题，形成了"实干兴邦"的劳动实践观、"民族复兴"的劳动发展观、"崇尚劳动"的劳动价值观、"热爱劳动"的劳动教育观等，构筑起以劳动支撑新时代中国特色社会主义伟大事业的实践路径。

随着中共中央、国务院《关于全面加强新时代大中小学劳动教育的意见》的出台，以及将德智体美劳全面培养的教育体系写入新修订的《教育法》，新时代劳动教育模式的构建已经成为贯彻落实党中央精神、实现新时代赋予职业院校弘扬劳动新风尚、践行劳动育人新使命的重要基石。与此同时，教育部还于2022年8月发布《教育部关于推进新时代普通高等学校学历继续教育改革的实施意见》，其中特别提出要实施国家教育数字化战略行动，广泛汇聚优质数字教育资源，促进优质数字资源共建共享，这也为劳动教育的新型发展模式指出了一条崭新的道路。因此，在新时代职业院校的数字劳动教育发展进程中，如何构建与之相吻合的职业院校劳动教育发展模式值得探索。

从劳动教育的发生、发展、发扬等里程碑事件可以发现，劳动教育注重实践操作、技能培养及心智磨砺，与职业教育的发展一脉相承，其中也出现了一些可资借鉴的劳动教育模式。如美国的服务学习模式成型于体验学习传统和学生社会服务运动，它将有意义的社区服务与专业教学、反思有机融合起来，以丰富学生学习体验、增强公民责任感并巩固社区建设。德国的劳动教育历史悠久，其结合时代的发展已经从传统的劳作课转型为强调职业教育与公民教育，强调为职业选择与企业数字化劳动培养全面发展的人，协助解决社会劳动教育问题。国内学者主要从课程建设、实践教学、师资培养等方面对数字劳动教育模式进行探讨。王毅等（2021）指出数字劳动教育必须"知行合一"，将专业实践与劳动教育结合起来，借助云教学拓展劳动教育实践，实现课程育人、实践育人、协同育人，真正实现数字化劳动教育立德树人功效。张磊等（2019）指出，在实践中可根据产业需求，加强自身劳动的实践能力培养，构建面向虚实结合场景的实践实训体系。李洪修等（2022）指出，数字时代劳动教育的泛在化现象带给劳动教育数字化发展的契机应与劳动教育设备转型升级相结合。詹青龙（2022）指出，数字劳动教育实施的难点在于如何将劳动教育内容渗透到专业课程中去，如何发挥好以技术为中介、学生为中心、专业课程教师为纽带的作用，以及如何构建起科学合理的运行发展体系。

综上所述，新时代数字化技术的融通催生了数字劳动教育的发展。当前职业院校数字劳动教育模式更多地关注专业教育与劳动教育的融合，在发展向度上不够全面多元，对于数字劳动教育的成果认定的引导程度不足，导致部分学生"在校爱劳动，在家不劳动""有劳动，无成果"等现象存在。与此同时，相关研究机构报告指出新时代数字劳动教育模式面临的困境，如美世咨询发布的《2022—2023全球人才趋势报告》指出，在疫情、新时代发展模式转型升级等形势下，全球人才就业压力显现，就业市场对人才的综合素质提出了更高的要求，未来人才需具备胜任专业工作的劳动实践能力，以及在数字劳动实践中发现问题与解决问题的能力等，就业前景与未来成长空间得到了高度的关注。如何使用行之有效的理论工具来高效妥善地解决新时代职业院校数字劳动教育模式的发展是重要的研究内容。

1. 主要特点与经验

从理论与实践结合的层面来分析，数字赋能劳动教育共同体模式体现了基于 OBE 理论的职业院校数字劳动教育模式的发展逻辑，对其中的构建要素可做出如下分析。OBE 理论全称为 Outcome Based Education，即为产出导向的教育，其以学生为中心、关注成果产出、持续改进教育的理念，可在数字劳动教育模式中得以继承与发展。OBE 理论的本质是聚焦某专业某课程学习中关键成果的获取与相关活动的组织，因而在其面向成果导向的教育发展过程中重视情境化内容的组建以及沿着目标、内容、实施、评价线路的闭环式教育循环改进。在此以"三协同"劳动教育教学联盟校构建劳动教育云在千校万师万班线上线下公开课的实践为例，阐述基于 OBE 理论的职业院校数字劳动教育模式的构建要素。

（1）形成数字劳动教育模式的多元化建设目标。由传统劳动教育走向数字劳动教育是一个必然趋势，设计好职业院校数字劳动教育模式建设目标是重中之重，有利于构造一个全面协同的劳动教育生态。充分借鉴相关学者在构建劳动教育教学模式中的经验，提取陈俊等（2021）构建的"三模块—多内涵—多元素"教学内容体系，结合专业实践课程中理论知识传授与实践能力培养的特点，形成脑体并举、知行合一的专业实践课程教学方法。汪清蓉等（2021）形成"专业+创新+创业+劳动"四位一体的融合教学新模式中的核心思路。

在具体实践中，教学研究团队制订实施数字时代劳动教育行动计划，设置数字劳动教育教学目标，依托大数据、云技术、人工智能等数字化技术，构建劳动教育云平台，组建千校万师万班线上线下公开课，开展涵盖"家—校—企"生活类劳动、专业类劳动、服务类劳动、综合类劳动等的劳动活动群，以劳树德、以劳增智、以劳强体、以劳育美、以劳创新，实现公平而有质量的职业院校劳动教育，促进受教者全面发展。

（2）构建数字劳动教育模式的多场景建设内容。当前数字劳动教育处于初始阶段，其建设内容与传统劳动教育较为接近，主要是结合时代背景从课程建设、实训体系建设、师资建设等角度提出解决专业实践与劳动教育脱节的诸多策略，但这些大多是学者结合工作实践的思考，缺少新时代背景下广泛调研与理论支撑，数字劳动教育的内容相对狭隘，与专业实践有些脱节，且教育手段的多样性不足，不能体现出劳动教育在市场营销、人力资源管理、财务管理、沟通交流等多场景与劳动教育密切相关的专业技能实践，在培养学生胜任专业工作的劳动实践能力、在劳动实践中较强的发现问题和创造性解决问题的能力等方面还有不足。

在基于劳动教育云的千校万师万班教学实践中，借助云技术搭建劳动实践云场景、劳动文化云场景、劳动评价云场景。劳动实践云场景提供项目自主选择、项目化学习、成果发布等功能，实现劳动供需双方项目的发布与接收、团队选择与服务的双向选择，通过生活自理劳动、日常家务劳动、校园集体劳动的生活类劳动，专业技能劳动、创新创造劳动、新业态新形态劳动等专业类劳动，社会公益活动、志愿服务劳动等服务类劳动，以及工业劳动、农业劳动等综合性劳动的云发布与实践，搭建多场景的数字劳动教育模式，打破劳动教育与德育、智育、体育、美育等之间的界限，构建更具有针对性和操作性的劳动协同育人框架体系，真正发挥出劳动育才的价值，为职业院校开展包含专业实践与劳动教育教学相结合在内的数字劳动教育提供参考。

（3）升级数字劳动教育模式的清单化实施规程。2020年3月，中共中央、国务院颁布《关于全面加强新时代大中小学劳动教育的意见》，指出要充分认识新时代培养社会主义建设者和接班人对加强劳动教育的新要求，要全面构建体现时代特征的劳动教育体系，广泛开展劳动教育实践活动。2020年7月，教育部印发《大中小学劳动教育指导纲要（试行）的通知》，进一步明确了劳动教育的概念与内涵，对劳动教育的分层次发展进行了具体阐述。随后，省级文件陆续发布，中共浙江省委、人民政府印发《关于全面加强新时代大中小学劳动教育的实施意见》，浙江省教育厅发布《浙江省职业院校劳动教育行动方案》等。

总体而言，上位实施文件多，而具体对应职业院校的操作指南还需要进一步在实践中细化。在千校万师万班教学实践过程中，借助劳动教育云实现职业院校师生的劳动教育项目清单化，目前通过劳动教育云，组建劳动云社区、劳育通等多平台，构建"家—校—企"等多元主体联动的劳动教育共同体，实现1311个班级在平台上实名注册登记，参与数字劳动教育。此外，2021年以来进一步突出专业导向与成果导向，优化清单化劳动教育项目规程，实现劳动教育云动态发布，组织竞领的O2O劳动项目自主选择机制，使得劳动团队的专业、兴趣、特长与劳动项目供给方对接更为精准，充分激发了师生在劳动教育中的主体意识、自主意识，带动了全国27个省市地区几十家企业、173个院校、5577个班级、5711名师生、80697名学生参与劳动教育云平台活动,学生学习数字化资源270万余次，实践活动累计27万余小时，1680万余师生互评劳动教育成果。

（4）实现数字劳动教育模式的多向度评价方式。在千校万师万班教学实践中，围绕以劳树德、以劳增智、以劳强体、以劳育美、以劳创新的发展目标，突出数字劳动教育模式的自评、互评等多向度评价，形成闭环式评价与反馈机制。为数字劳动教育项目提供教育评价，提供劳动整体状态数字化显示、劳动积分记录、点赞式评价等服务。这一评价方式突破了劳动教育以往单一化的弊端，基于大数据、人工智能技术等关注数字劳动教育的形成性评价，着重分析数字劳动教育过程中劳动精神弘扬与劳动价值观形成的监督性评价。

在劳动教育云中建设劳动云银行，突出劳动教育评价的成果导向，依据劳动教育成果创新性，认证评估分为"创造性完成、高质量完成、圆满完成、完成、基本完成"等五个等级，每个等级赋予一定的分值权重。劳动实践完成后，劳动成员与团队会获得劳动教育云赋予的劳动积分，并存入劳动云银行，实现动态排名。优秀数字劳动教育成果存入劳动云展台。如此评价与反馈机制会直接影响劳动工具改造、工艺优化与产品创新的热情。此外，还在劳动教育云中发布劳动云指数，以直观图表方式反映学校的劳动服务整体状态，反映各校开展数字劳动教育的受关注度，以大数据评估劳动教育成果成效并增强劳动荣誉感。

2. 未来发展与启示

劳动教育是职业院校发展的重要内容，新时代国家政策的价值逻辑指向，显示劳动教育价值地位得到质的提升，已成为中国特色社会主义教育制度中不可或缺的内容。数字劳动教育模式是让"劳动光荣、技能宝贵、创造伟大"成为职业院校的时代风尚，进一步提高职业院校学生劳动素养和专业能力的新动能。基于OBE理论的职业院校数字劳动教育模式的实践研究已经取得阶段性成果，然而仍需从宏观层面持续推进深化专业实践与数字劳动教育融合，加强两者之间的协同发展，进一步完善该教育模式；同时，从发展切入点、专业结合的方式方法、主要建设内容等方面提供高质量的实施建议，持续加强对实践过程中改进与发展的思考。在微观层面，则要加强面向数字劳动教育的数字资源创生、个性教育指导的规制发展、师资群体演进发展、教育价值形塑生态发展等，助力数字劳动教育持续升级发展。

1) 宏观层面的发展与思考

第一，从切入点来看，职业院校数字劳动教育模式首先要破解当前数字劳动教育与专业实践"两张皮"现象，这也是新时代赋予数字劳动教育的新使命与新任务。需要破解诸如数字劳动教育边界不清、阵地不明确，不顾职业教育规律简单设置劳动理论课程，专业实践与数字劳动教育脱节等问题。因此，加强相关研究并开展专业性职业性数字劳动教育，有助于实现职业院校劳动的育人目标。

第二，从专业结合的方式方法分析，职业院校专业实践是与数字劳动教育具有天然接近性的专业教育，是开展多维邻近性视角下韧性发展的优势方向。设计与实现职业院校专业实践与数字劳动教育融合的实施方式，构建数字劳动教育与专业实践融合的协同育人研究框架，可为职业院校开展专业实践教学与数字劳动教育教学提供实践参考，为职业教育开展劳动教育提供具有适用性和可操作性的技术方案和参考案例。

第三，从专业结合的内容方面看，新时代数字劳动教育与专业实践融合以物理层面的整合为基础，通过两者协同发展实现专业人才的劳动教育配置、多主体发展构建数字劳动教育网络，在数字劳动教育中优化专业实践活动，在数字劳动协同中实现专业实践与劳动教育一体化目标发展、跨界资源平台共建共享，在整合中培育新时代数字劳动教育特色文化等，从而实现双向整合。

第四，从与专业结合的发展未来来看，还要注重线上线下两条腿走路，结合协同育人框架，新时代数字劳动教育与职业院校专业实践融合在相互整合的基础上，通过"课程、工作室、活动"等层面的专业实践，推进数字劳动教育与专业实践之间的线上线下双重耦合与重构，形成具有特色的定位发展、突出协同发展特性的专业个性化数字劳动教育的融合策略与实施进程。

2）微观层面的发展与思考

第一，加强面向教育内容创生的平台"群"设计。当前我国高职院校劳动教育平台与资源开发存在区域不平衡的现象，劳动教育平台资源总量上仍存在不足。而仅由高职院校进行数字劳动教育资源的开发，不仅费时费力，而且实施标准与教育效果并不相同，这会导致学生数字劳动意识觉醒参差不齐的情况出现。随着高职院校劳动教育与生产实践、社会民生等交互嵌入，高职院校与行业企业之间的互动合作也越来越频繁，在数字劳动教育方面的合作也越来越全面。一方面，联盟校加强面向学生自学数字劳动的线上学习资源库建设；另一方面，校企多元主体加强云课程的智能场景与教学评价平台建设，同时促进师资教育共同体的虚拟教研室建设，打造面向数字劳动教育内容创生的育人平台"群"。同时，强化面向育人平台的内容资源"群"建设。数字劳动教育平台内容的建设不仅仅局限于将劳动教育教学纪实、音频视频等资源的传播与推广，还将依据所需要解决的问题持续吸纳所需的核心概念及相关课程群，构建起一个问题导向、多类核心概念支撑的多课程资源"群"。以工业机器人智能制造的教育资源为例，在校企合力开展的数字劳动资源建设中，结合具体现实问题，由核心概念群将通用劳动科学知识、职业生涯规划、职业与就业技能等劳动教育课程群结合起来，为学生带来电子装配实训、特种制造实训等基础实训资源，工场大数据实训、人工智能实训、移动机器人实训等智能制造实训资源，创意 DIY 项目、科技竞赛项目等工程创客资源，也即围绕特定主题将多个专业领域的知识技能整合形成新内容。此外，还应注重虚拟平台、实训基地等实体资源与学术讲座等形式资源的嵌入，并由此引入多元主体。

第二，设置面向个性教育指导的教育管理机构。与传统劳动教育的线性封闭方式不同，数字劳动需要更多的个性化交互过程，因而教学中需要为数字劳动提供更为灵活多样化的教学与平台使用方面的支持，面向个性教育指导的教育管理机构的作用也应凸显。该机构兼具教务处与信息化办公室的双重功能，同时为了减少预期之外的培养障碍出现，以推进联盟校大规模劳动教育的个性化发展，需要构建数字劳动教育管理机构，以及以任务驱动、问题导向的数字劳动教育研究中心。从收集多校育人环境信息、育人数据、育人技术交互功能等切入，统筹线上学习资源库、云课程智能场景搭建、教学评价、虚拟教研室等平台数据流转规则，着力研究并完善新型数字劳动教育中平台系统的预判功能，推进基于人工智能技术的数字劳动个性教育指导。同时，应建设面向数字劳动的个性教育指导制度。个性教育指导制度不能按照自给自足的方式来构建，唯有超越传统的科层级组织机构，在已构建的数字劳动教育管理机构及数字劳动教育研究中心的基础上，进一步建设旨在深入推进数字化智能制造领域高素质技术技能人才培养的开放协同式校企合作数字劳动教育指导规则、数字劳动人才培养模式、数字劳动教育基地建设制度、数字劳动实践学分管理制度，完善校企专兼职教师业绩考核方式、专兼职教师聘任制度等，才能更好地实现组织机构之间教育教学资源的共建共享、劳动教育学分认定、教研活动深度开展等。其间，可使用数字技术建设信息共享空间和教育展示平台，并以项目制的方式给予数字劳动教育经费配套与人员支持，以促进个性教育，围绕学生的兴趣与能力发展空间开展数字劳动教育。此外，要关注数据信息治理的标准与用户隐私规范等，设计虚拟助手、大数据服务等在数字劳动教育中的使用制度，并逐步体现在个性教育中。

第三，引导师资建设向多元主体集群发展。拓展数字劳动教育中的人才链、产业链、创新链，引导政府、行业企业、高职院校、社会等多元主体共同强化师资力量，并以数字劳动活动为源头，加强数字劳动混生场域与教育内容的迭代升级，持续加强与高职院校所在地社区、街道等多元主体对话与交流，形成数字劳动教育的师资培训与场景实践基地，并从多元主体交互活动中升级师资的知识技能，以适应面向数字劳动教育的迭代升级集群发展效应。引导校企等多元主体推进育人平台、育人技术、育人生态的协同创新，把内容、平台、生态与师资建设等研究、执行与落实情况结合起来，贯穿到多元主体的实际工作中，以强化多元主体集群发展的评估与可预期教育指标数据的落实，进一步推进师资迭代升级发展。同时，推进自我管理与发展的多元主体集群演进。基于多元主体集群发展的数字劳动教育育人主体是在校本学术服务活动、所在辖区及联盟校组织的社会实践活动中衍生而来的、具有自适应功能的育人主体集群，具有自我管理和自适应的属性，能有效满足学生在不同专业领域的数字劳动中自由流动与变换劳动学习内容，能改善当前数字劳动教育师资结构较为松散耦合，专业人士及创新创业导师在教育组织行为、教学标准制定与执行等方面功能发挥不足等现象。同时，改变了按专业领域组建师资进行管理的庞杂模式，有利于发挥数字劳动的精准化数据管理优势，在遵守多元主体的规则前提下，依据数字劳动教育后台数据分析与专业发展的方向开拓师资自主管理发展的功能。如智能制造工程专业方向的多元主体，遵循跨专业的工程实践、电子大类专业工程实践、企业工程实践计划等内容体系，演化形成智能制造工程的交叉融合教育共同体，其演进发展将沿着国际化、专业化、数字化的方向不断前进，师资能力体现在由适应问题解决与任务驱动的教育管理逐步发展为多元协同的个性教育指导。

第四，延展面向教育价值形塑的育人生态链。首先，从育人主体与对象来看，面向学生，依托数字劳动教育管理机构及数字劳动教育研究中心，在工业化机器人等数字劳动实训中赋能教育思想价值，持续融入"实干兴邦"劳动实践观、"民族复兴"劳动发展观、"崇尚劳动"劳动价值观、"热爱劳动"劳动教育观等核心思想。面向校企多元主体，加强多方在数字劳动教育中的项目研究与教学实践的沟通交流，进一步优化数字劳动场景，优化教育管理模式，促进与专业发展方向吻合的育人模式发展，以纠正多元主体在立德树人、人才培养的教育价值方面的偏差。其次，从育人方式方法来看，以多元主体推动区域一体化教育价值塑造进程，如参照京津冀区域工业APP仿真体验基地、珠三角区域数字孪生仿真开发环境建设基地的做法，在学生做中学、学中做的探究过程中，以学生为中心、以结果导向为原则，开展云端小班化教学，有利于协同学生在多元主体赋予的综合复杂的数字劳动中探索问题解决之道，以统一数字交互实训教学与覆盖全生命周期的技术案例库、技术与人才标准草案等实训课程体系内容解决数字劳动相关问题、知识技能的持续吸收问题，充分支持数字劳动教育价值在实践中呈现，促进教育价值的生态发展。同时，强化面向教育价值形塑的生态优化发展。从扩大育人生态链与促进育人生态发展的视角实现多层次的数字劳动教育价值塑造。从构建数字劳动教育价值塑造优化发展机制方面进一步推动教育价值生态发展。在高职院校的发展规划中要体现出劳动教育的重要地位，同时还要以专项规划的形式将数字劳动教育发展单列，注重总体规划与专项规划的相互承接与发展，充分展现技术与教育融合的发展前景。其次，高职院校数字劳动教育需要依托多元主体、多方内容，以及平台、技术等要素实现生态发展，发挥育人平台群的优势，激活其中数据挖掘、可视化数据分析等智能分析技术，依照学生劳动过程中接触式或非接触式数字劳动的感知情况，提取心跳、呼吸等劳动生理反应数据，给学生深度画像并给予个性教育指导，在数字劳动教育过程中嵌入数字劳动安全观、数字劳动与经济建设的迭代发展观等。另外，从数字劳动教育的总体建设进程来看，建设数字教育生态标准势在必行，如何依托高职院校网格化管理与服务标准、ISO标准化技术构建多元主体共建共享的数字劳动教育平台、规章制度，构建数字劳动教育资源开发标准、数字劳动教育质量评价标准等，是面向未来的劳动教育价值形塑过程中需要思考的问题。

本章小结

面向全球的教育发展有利于寻求最佳的解决方案，在国际上，产教融合协同育人共同体模式尽管在定义上并没有统一说法，但在具体实践中已经体现出产教融合协同育人的内在逻辑。本章先以德国产教融合协同育人共同体模式为研究对象，了解德国高职教育的发展历史，分析归纳出德国实施校企合作的主体、各州实施校企合作办学的主体、各地区实施校企合作办学的主体等多样化的特点，其主要经验包括建立完善实用的职业教育法律保障体系、多源头的经费投入、建立科学完善的质量评价体系等。然后，以澳大利亚产教融合协同育人共同体模式的实践为例，分析归纳得出诸多因素组成融洽的生态体系、建立牢固的合作伙伴关系、行业主动参与各方协同治理、有效的政策法律制度的权责规定、多元化高效的经费投入、科学合理的质量保障框架管理体系等主要特点。在主要经验方面，TAFE是世界上普遍认可的一种校企合作典型模式，职业教育以能力为本位的人才培养定位得以落实、企业更新换代能力进一步加强等。同时，概述我国高职产教融合协同育人共同体模式的发展情况，并以"三协同"劳动教育教学联盟校在数字劳动教育模式中的探索情况为案例，分析我国高职产教融合协同育人共同体模式韧性发展的情况，并从切入点、与专业结合点等宏观层面与面向教育内容创生、个性教育指导规划发展等微观层面分析未来发展趋势，以期为多维邻近性视角下我国高职产教融合协同育人共同体模式勾勒出韧性发展的方向与道路。

第七章

多维邻近性视角下高职产教融合协同育人共同体模式韧性发展的对策建议

第一节 高职产教融合协同育人共同体模式韧性发展的背景

高职产教融合协同育人共同体模式韧性发展基于两方面的发展背景，一是当下高职教育教学的产教融合项目的建设发展，二是面向未来的高职产教融合协同育人的提升与发展。在此背景下，不再拘泥于微观的教育教学课堂的协同育人研究，也不再局限于中观层面的校企合作架构设计，而是着眼于较为宏观的基于产业系统与教育系统融合的产教融合协同育人的整体设计。

面向当前高职院校教育教学的建设发展，高职产教融合协同育人体现出系统性、便捷性、精准性、参与性等层面的韧性发展特性。可以看到，高职院校是地区技术技能累积、创新实践与传递的主体，是促进技术运用、技术迁移、科技成果转化等技术技能创新和面向社会服务的重要窗口。产教融合则以高职院校技术技能提升发展和推动区域经济的主要发展战略引发了社会各界的高度关注。作为国家层面的指导意见，2014年教育部举办首届产学合作协同育人项目对接会，探索教育、产业、人才多方衔接与贯通机制。自2016年起连续出台多项产教融合相关的政策文件，国家发改委、教育部、人力资源和社会保障部联合发布《关于编制"十三五"产教融合发展工程规划项目建设方案的通知》、国务院办公厅发布《关于深化产教融合的若干意见》，持续推进教育优先发展与产业创新发展。在党的十九大、二十大报告中更是明确了要深入产教融合、校企合作。随后，国家从政、行、企、校产教融合协同育人等层面制定政策，如国家发改委、教育部发布《建设产教融合型企业实施办法（试行）》《国家产教融合建设试点实施方案》等。由此可见，产教融合作为新时代职业教育改革与发展的重要推动力，国家层面的支持性政策体系建设已日趋完善。

从面向未来的高职院校教育教学的发展可以看到，本科层次职业教育是其发展的主要趋向之一，也是展现高职产教融合协同育人成果的主要渠道。众所周知，高等职业教育已逐渐向纵深方位展开类型与层级的双方式发展，国家方面也开启转办、联合办学、创立、试办等7条建设发展通道，开始建设本科职业大学。作为高职院校的提升路径，合并转设或者直接升格为本科职业大学变成近些年各界关注的焦点。目前全国不少地区的发展规划都明确提出要拔高一批高职院校，在几年内升格为本科层次职业大学。作为一直活跃在职业教育舞台上的高职教育，在这一场势在必行的改革中已经有22所高等职业院校（截至2021年2月）结合工作实际，首先升格为本科层次职业大学（表7.1为22所本科职业大学基本信息）。下面以高职院校（含升格的本科层次职业大学）的职业教育产教融合协同育人实践为样板，根据实际案例，基于多维邻近性理论，结合共同体的上位观念也即活动理论，汇总分析出高职产教融合协同育人共同体模式韧性发展的核心要素，提炼出我国高职产教融合协同育人共同体模式韧性发展的主要思路，并且由此归纳出高职产教融合协同育人共同体模式韧性发展的主要模式，进一步探索适合高职产教融合协同育人共同体模式韧性发展的方式、举措，为新时代职业教育产教融合发展提供借鉴与参考。

表 7.1 22 所本科职业大学基本信息表（截至 2021 年 2 月）

序号	名称	性质	所在省份	主要办学经费来源	主要专业/专业群	专业数（职业本科/高职专科）
1	南昌职业大学	民办	江西	其他	智能制造、信息技术、商务智能等专业群	15个/41个
2	江西软件职业技术大学	民办	江西	其他	软件工程、区块链技术与应用、网络安全等专业群	8个/34个
3	泉州职业技术大学	民办	福建	其他	财务管理、智能制造等专业群	14个/14个
4	山东外国语职业技术大学	民办	山东	其他	外语类、经贸类等专业群	14个/50个
5	山东工程职业技术大学	民办	山东	其他	机械设计制造类、电子信息类、汽车类等专业群	14个/45个
6	山东外事职业大学	民办	山东	其他	商务英语、商务日语、应用韩语等专业群	10个/46个
7	河南科技职业大学	民办	河南	其他	机械电子工程、汽车服务工程等专业	13个/27个
8	广东工商职业技术大学	民办	广东	其他	智能制造、财经贸易、电子信息、艺术设计等专业群	17个/53个
9	广州科技职业技术大学	民办	广东	其他	计算机应用工程、机械设计制造及其自动化、印刷工程等专业群	14个/40个

续表

序号	名称	性质	所在省份	主要办学经费来源	主要专业/专业群	专业数（职业本科/高职专科）
10	广西城市职业大学	民办	广西	其他	物流管理、工业机器人技术、土木工程等专业	19个/51个
11	海南科技职业大学	民办	海南	其他	机械设计制造及自动化、汽车服务工程技术等专业	17个/50个
12	重庆机电职业技术大学	民办	重庆	其他	机电一体化技术、汽车检测与维修技术等专业	17个/41个
13	成都艺术职业大学	民办	四川	其他	环境艺术设计、视觉传达设计等专业	17个/51个
14	西安信息职业大学	民办	陕西	其他	电子科学与技术、集成电路等专业群	14个/43个
15	西安汽车职业大学	民办	陕西	其他	新能源汽车工程、智能制造工程和财务管理等专业群	5个/19个
16	辽宁理工职业大学	民办	辽宁	其他	机电、汽车、建筑等专业群	6个/23个
17	运城职业技术大学	民办	山西	其他	煤炭和装备制造类、康养服务类等专业群	6个/39个
18	浙江广厦建设职业技术大学	民办	浙江	其他	建筑工程技术类、工艺美术类等专业群	6个/30个

续表

序号	名称	性质	所在省份	主要办学经费来源	主要专业/专业群	专业数（职业本科/高职专科）
19	南京工业职业技术大学	公办	江苏	省级	机械电子工程、自动化技术与应用等专业群	6个/49个
20	新疆天山职业技术大学	民办	新疆	其他	智能制造类、电子信息类、财经贸易类等专业群	6个/43个
21	上海中侨职业技术大学	民办	上海	其他	计算机、艺术设计类等专业群	5个/17个
22	湖南软件职业学院	民办	湖南	其他	现代信息技术、现代设计制作、智能建筑等专业群	6个/22个

第二节 高职产教融合协同育人共同体模式韧性发展的主要思路

一、多维邻近性视角下高职产教融合协同育人共同体模式韧性发展的核心要素

当前高等职业教育产教融合的校企合作与投入存在困境。作为占据我国高等教育半壁江山的高职院校，开展高等职业教育的目的是解决目前数千万高素质技术技能人才和"大国工匠"的培养缺口问题。然而，承担此培养任务，需要广泛且兼顾深度和力度的产教融合与校企合作，目前"校热企冷"局面无法保障人才培养的持续性、普及性与有效性。对于产教融合问题，陈正江、周建松（2019）明确提出以协同推进及业务外包选购等方式，构建以学校和企业公

司为主体的利益共同体，激发多主体共创激情。高倩（2016）根据杭州职业技术学院办校模式中共同体关系网络的实证研究分析，强调建设学校和企业的共同体关系与产教融合得以实现的可持续管理发展框架。贺书霞、冀涛（2021）根据共享发展的核心理念明确提出多主体商议发展、合作治理的职业教育产教融合协同育人共同体发展模式。

但是，现阶段产教融合协同育人共同体模式的创建研究多根据现行政策、文化保障、机制保障方面开展，其剖析层级并不丰富。除此之外，共同体模式的搭建与产教融合协同育人的实现需要分析涉及的要素众多，因而有必要从共同体的相关理论来分析产教融合协同育人情况，也即活动理论为该论述提供了新思维、新方式。1997年，Vygotsky明确提出活动理论的核心逻辑与主要思想，发展至今已经产生包括活动主体、活动客体、共同体、专用工具、规则标准、劳动分工等六要素的活动理论模型。该理论模型已在学习培训互动、课堂教学活动设计等多种因素多维度的问题研究中得到应用。根据共同体这一活动理论思考，共同体、专用工具、规则标准等活动因素的减弱或缺乏是高等职业教育产教融合协同育人发展欠佳的关键问题。现阶段根据该理论分析高职教育推进发展产教融合协同育人的研究偏少。

根据整理剖析，现阶段高等职业教育产教融合协同育人共同体模式的核心要素有如下几个方面。第一，产教融合内部发展的活动网络资源尚需弥补。产教融合内部发展的模式在高等职业教育中非常常见，但是很容易被忽略，其中比较合适创业创新发展的活动网络资源比较少。目前高等职业教育教学实践中创业教育多和专业课程教育教学相隔离，无论是在教师队伍建设还是课程体系建设等方面都无法全面实施"专创融合"。缺乏专家教授和高质量师资力量的及早干预，使得专业知识发展受到限制，且产教融合发展环节中不能与"上下游"的内部新项目合理科学地连接，创新创业教育需要的网络资源也很少，因而创业创新与产教融合的精准施策无法发挥成效，后期与产教融合项目的对接存在沟壑，导致创新创业教育的前期投入不能满足高等职业教育产教融合的发展要求。第二，产教融合植入教育的发展共同体尚需加强。置入教学是指现阶段高等职业教育最常见的产教融合方式，如浙江广厦职业技术大学、新疆天山职业技术大学等都是与龙头企业合作，也是创建诸多职业教育集团、产学研联盟的典型院校。现阶段高等职业教育产教融合多紧紧围绕专业性、职业性发展等，与行业企业、社会团体等开展产教融合的协作活动，但整体来看多元建设主体彼此之间积极合作和承接发展的趋势还不够明显，尚未出现高等职业教育产教融合协同育人共同体发展形势，"特色化""项目制"等表现产教融合植入教学的协作缺乏多方面力量的积极参与，会造成持续性发展遇阻。第三，产教融合协同发展的运行规则尚需健全。以产业学院为代表的产教融合协同发展方式在其组织机构中存在身份及价值认同体制、企业目标与评价制度、运作规则标准与文化体系等多个方面的发展难题。换句话说，就是在欠缺规范统一的运行规则标准前，产教融合协同发展处在"自由生长"的态势。为了能解决多方面建设主体在建设目标、建设身份、建设价值、激励等方面的分歧与矛盾，以及权责不清、产业发展管理系统与教育发展系统间的理念差别等一系列问题，规范地改善、健全协同发展制度是十分必要的。第四，产教融合拓宽发展的活动专用工具尚需提高。现阶段产教融合协同育人走向世界的例子较少，一方面与高等职业教育仍然处于"内功修炼"环节有关；另一方面与较少有海外跨地域产教融合拓宽发展的活动专用工具正确引导及服务相关。对于活动工具的使用缺乏正确的引导，使得在"走向世界"的全球化发展选择如海外分校、丝路学院等建设中缺乏吸引力，从而导致我国产教融合协同育人标准和计划方案输出的潜力无法得到有效开发，海外跨界的产教融合协同育人网络资源未能合理利用。另外，调查报告显示，包括政府部门、行业企业、高等职业院校、社会等在内的多元化建设主体的产教融合劳动分工的界限还不是很清晰，在产教融合活动要素的建设中还无法达到多主体的综合汇聚、合力配合。劳动分工层面缺乏系统分配与连续传送以持续保证行业企业主体的活动始终处于积极主动的状态，难以推动产教融合协同育人这类活动的组织机构主体拓展至高职院校之外的其他建设主体。

二、多维邻近性视角下高职产教融合协同育人共同体模式韧性发展的主要思路

高职产教融合协同育人共同体模式韧性发展是一项复杂的工程，要发掘产教融合协同育人的特色，助力教育链、创新链、人才链、产业供应链有机衔接，要扩展高职院校产教融合协同育人多维度发展空间，扩展地理邻近界限，构建产教融合协同育人发展服务平台；全线贯通认知邻近壁垒，构建产教融合协同育人技术标准；协调组织邻近发展，构建产教融合协同育人创新网络，为高职产教融合协同育人共同体模式韧性发展提供特色化建设范式，助推"千校万企"协同创新伙伴行动开展。图 7.1 为基于多维邻近性的高职产教融合协同育人共同体模式韧性发展的建设思路。

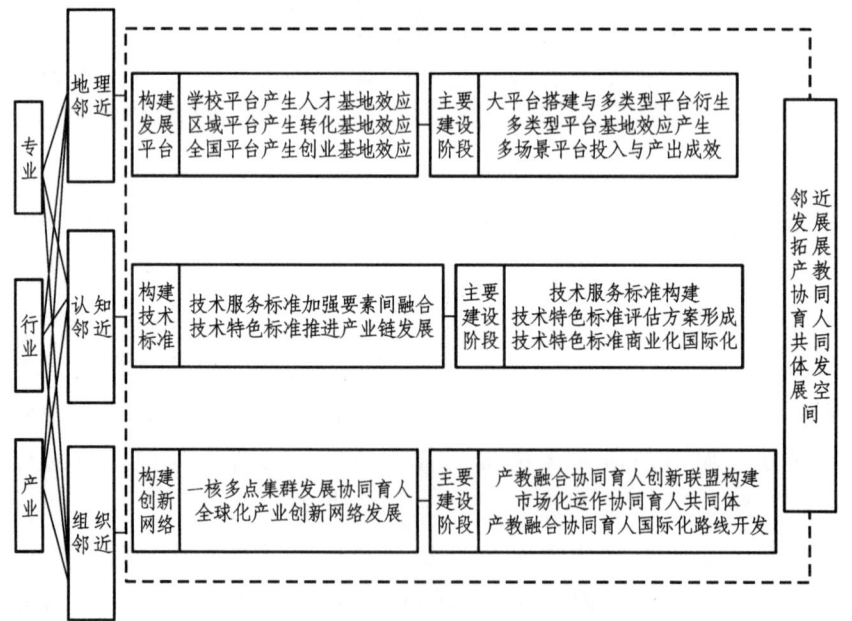

图 7.1 基于多维邻近性的高职产教融合协同育人共同体模式韧性发展的建设思路

1. 注重邻近发展需求，拓展产教融合协同育人共同体发展空间

高职产教融合协同育人以适应高职教育及其对应的产业链要求为逻辑起点，连通行业领域、技术专业、职业岗位、产业链等资源要素。以浙江省为例，浙江省自2019年以来积极谋划打造绿色石化、节能与新能源汽车、数字安防、现代纺织等四大世界级产业集群，其中安防产业在全球范围的影响力与日俱增。2021年权威市场研究机构Omdia（原IHS Markit科技）发布《2020全球智能视频监控及基础设施市场份额调研报告》。其数据显示，海康威视、大华股份、安讯士、华为等企业位列全球视频监控设备市场占有量排名的前四名，而前四名中我国的企业已占据三席。海康威视和大华股份位于拥有上千家数字安防企业的浙江杭州，从市场占有份额看，仅这两家企业的设备就占据全球市场总额的一半以上。随着数字安防产业从地方区域规模效益走向绩效产出，产业链创新发展越来越需要更加专业与精准的发展平台。产业学院作为产教融合协同育人的一种形式，其发展平台、标准规范及高素质技术技能人才是支持其高质量发展的关键环节。如浙江商业职业技术学院在产教融合协同育人建设过程中，意识到了产业链特色发展和专业特色支撑结合的必要性，并未选择财会、经济管理等行业特色较为显著的技术专业。选择了应用工程学院隶属的应用电子技术、电子通信工程技术、物联网应用技术、智能化建筑技术等特色化技术专业，建立数据安防产业学院，推进产教融合协同育人共同体模式开展韧性发展的自我革命。高职产教融合协同育人共同体模式从里到外培养具备技术专业特色的人才的主要做法体现在：第一，研究高职院校如何增强多维邻近性对职业教育的影响，加强政府部门、行业企业、高职学校等多元化建设主体之间的沟通关联。主要表现在充分运用多维邻近性对智能化安防、互联网安全等技术技能人才定制培养，主动加强地理邻近、技术邻近、组织邻近等，完成高职产教融合协同育人的创新塑造，进一步夯实高职产教融合协同育人共同体模式的培养理论内涵，从而产生社会与经济方面的多重成效。第二，明确高职产教融合协同育人共同体模式的发展定位，推动产教融合协同育人的韧性特色改革创新。在传统的高职产教融合教学研究环节中，人才培养方案关键专注于点状或者线形的人才培养，因而多元化建设主体的合作模式比较固定，其操作相对便捷，但人才培养模式受到限制。在多维邻近性视域下，高职产教融合协同育人采取共同体模式韧性发展，从线性延展到平面及空间，其优势是以多维邻近性的优点激发更多建设主体的创新能力，使得建设主体更为积极地参与高职高素质技术技能人才的培养与相关研发中，行业企业等协作主体的经营规模与发展机会也进一步演化扩张，使高职高素质技术技能人才培养主体保持自觉性，以达到降低创新成本费用和风险、提高产教融合创新机制效率的目的。

2. 拓展地理邻近边界，构建产教融合协同育人共同体发展平台

突破高职产教融合协同育人共同体的互动界限，以关键技术转化发展平台的韧性特色化等方式加强产教融合协同育人的基本建设，想要实现产教融合协同育人共同体模式的多链互相衔接工作，可从物理学方面的地理邻近下手，也可以考虑扩展传统意义上地理邻近边界的局限性，使用网络这个概念将地理邻近扩展到大范围的邻近性发展平台，进而瞄准地理邻近的行业运用与转化平台发展的方向，根据网络资源共建共享的逻辑来延伸地理邻近界线，从搭建产教融合协同育人共同体这一大平台下手，针对不同发展规划构建院校、地区、全国等各种类的高速发展平台，完成多链对接与产教融合协同育人制度的改革创新。主要体现在：第一，面向院校的平台破除高职院校产教融合起步无力、结合发展较浅等有关重要环节，产生产教融合协同育人的人才基地效用。这一层级平台是目前所有高职产教融合协同育人共同体模式的基本建设所具有的，有益于汇聚产教融合协同育人共同体的多方面能量，贯彻落实产教融合的有关文件精神。第二，面向地区的平台推进高等职业教育产教融合，产生转化高职产教融合协同育人的产业基地效应。参考美国马萨诸塞州波士顿南湾由美国哈佛大学、麻省理工学院、波士顿大学所组建的学校自主创新平台，吸引政府部门、学校、企业、社会发展等

创新要素，扩展地理邻近界限，为地区学校韧性发展带来创新动力。根据地区平台优势，秉着优势互补、互利共赢、互相促进、进一步全面提升的原则，运用多元化主体地理、社会发展等区位优势和办校资源，在专业共建、优秀人才共有、技术性转化等方面开展实际性的产教融合、校企合作，推动地区技术性转化功能的韧性发展。第三，面向全国的平台提升高等职业教育产教融合，产生高职产教融合协同育人的创业基地效应。改善共同体中产教融合、校企合作办学的组织结构、管理机制及发展机制与对策等，厘清高职院校产教融合人才培养中多维邻近性方面共同体的发展现实状况，有利于加速高职院校产教融合人才塑造与高素质技术技能人才集聚发展，推动中国高等职业教育产教融合进一步发展，产生知识技术的多维邻近性散播成效。

高职产教融合协同育人发展平台，根据其基本建设情况、推进方式和阶段分为产教融合协同育人大平台构建、多种类平台演化、多种类平台的产业基地效应形成与植入平台互联网、多应用领域的平台资金投入以及业绩考核产出等。现阶段大部分产教融合协同育人平台发展会局限在构建技术技能资源共享的大平台这一阶段，主要面对社会经济发展与产业发展要求，创立一批具备典型性的区域产教融合协同育人平台等。如浙江警察职业技术学院产业学院是此种类型的产教融合协同育人平台，其可扩展自然地理层面的地理邻近界限，从产业学院发展平台发展使力，主要从警务工作的区域性视角推进数字安防产业的建设落地，积极主动发展小区、街道社区等当地品牌化平台，开发语音识别技术、虚拟助手、大数据管理等智能安防系统服务项目平台，积极对接地区数字城市大脑建设的主要创新业务，加速与地区体制机制创新的连接，以人才培养、技术性合作创新等积极参与城市圈等区域新型智慧城市发展合理布局。对于产教融合协同育人平台，如产业学院的升级环节则要特别注意：第一，一定要通过强强联合与行业企业开展新兴业务协作，走出纯课堂教学的固定思维。第二，一定要通过产业链和政策的正确引导，在产教融合协同育人发展平台上植入多类发展衍生平台，使之满足创业创新、人才培养、关键技术开发与转换等各类产业基地开发的要求。

3. 贯通认知邻近壁垒，构建产教融合协同育人共同体技术标准

全线贯通韧性特色技术标准链是高职院校产教融合协同育人韧性发展的关键，推进技术专业、产业、领域、岗位一体化标准管理体系建设，进一步破除认知能力邻近的堡垒，是发展高职产教融合协同育人共同体及其模式的重要抓手。目前在产教融合过程中，存在产业的相关标准不统一、技术分类的所属关联复杂，以及产教融合协同育人共同体发展所使用的标准少等问题，造成现实情境中各高职院校在进行产教融合协同育人中的各表各好、各自探索的现象。另外，在技术技能人才培养、课程开发、教材内容开发、师资水平等相关标准上，无法得到产业的关联与对接。因此，制定产教融合协同育人的特色技术标准与技术服务平台的产教融合协同育人的绩效标准是非常有必要的。第一，制定技术咨询等服务标准，推进优秀人才、技术咨询等相关要素的结合，促使各种技术标准在产教融合协同育人中全线贯通并更加畅顺，另外还应有质量监督。第二，制定产教融合协同育人特色技术标准。当前的产业链是融合性发展态势，以人工智能产业链分布为例来看，该产业链不仅包括基础层的智能传感器、AI芯片等产业，技术层的计算机视觉、机器学习、大数据服务等产业，还包括应用层的智能教育、智能医疗、智能物流、智能安防等产业。众所周知，高等职业院校专注于应用层的相关产业，结合自身实际特色开展产教融合协同育人共同体及其模式的基本建设。而应用型本科院校等院校则大多数关心最底层技术的开发，主要是针对技术层、基础层的产教融合基本建设。高等职业院校与应用型本科院校分别精确瞄准其发展趋势，避免类似的产教融合协同育人共同体基本建设因资源网络拥塞而发生技术后继无力、发展落实不到位等问题。而相关产业的技术标准大多决定于行业企业，如智能安防产业的技术标准主要为海康威视、大华股份、华为等龙头企业制定。

产教融合协同育人技术标准由技术服务项目标准和相关技术特色标准构成。其发展标准的基本建设环节，总体上可以分为技术服务项目标准制定、技术特色模式构建、技术特色标准评估方案产生、技术特色标准商业化、技术特色标准空间适用建设及其国际化发展等。如浙江安防职业技术学院产业学院可参考该发展模式，提升安防特色标准的统筹规划，首先从数字安防产业标准下手，开拓产业学院的特色化技术发展方向，充分发挥数字安防标准在产业中的运用功效，从提高认知相邻考虑，提升技术标准，促进教师发展以及文化多维相邻性一体化，自主创新高等职业教育在安防与大数据技术方向上的韧性发展方式，以技术分享与协作推进地区产业协同。从目前产教融合协同育人技术标准的基本建设升级成商业化的标准的建设发展需要看，必须在专业知识源头上重视国内国际合作网络基本建设，在科技精准定位上持续发展具备技术创新能力和发展潜力的专业技术技能。与此同时，借助技术化、商业化与国际化评估方案做出评估。

4. 协调组织邻近发展，构建产教融合协同育人共同体创新网络

依托组织邻近加强专业与产业的联动关系，以高职院校培养的高素质技术技能人才所对应的产业和产业所需的专业群对接为高职院校的建设关键，是提高社会服务能力和水准的重要举措。可以根据高职院校本身的历史人文、专业能力等因素，有选择地参考并消化吸收产业构架优点，打造合乎自身优势的高职产教融合协同育人共同体。第一，采用多个高职院校共同举办产教融合协同育人共同体或高职院校集聚多个行业企业共同创建产教融合协同育人共同体，以"一核多点，集群发展"的建设对策来打造产业发展的创新网络。以与数字安防产业相关的智能物联产业学院为例，青岛酒店管理职业技术学院与北京金山云网络技术有限公司、慧科教育科技集团，共建金山云·慧科智能物联产业学院。产业学院作为产教融合协同育人的建设主体通过专业课程建设、师资培训升级、1+X证书认证等项目合作，形成了较为稳定的合作发展制度与环境，同时

由实训室的标准化建设，使建设主体间形成较为成熟的合作模式，推进了产教融合协同育人共同体的落地建设与韧性发展。而本科院校的杭州电子科技大学信息工程学院与上海中电电子系统科技股份有限公司共建智能物联产业学院，则是借助组织邻近与技术邻近开展的跨省共建活动的另一例证。第二，以政府扶持、高等职业院校主导的组织发展模式为参考，采用轮轴式产业集群发展的具体做法，面向全球发展聚集多个数量行业企业紧紧围绕核心产业产生类似轮轴的产教融合协同育人建设群集，既注重高职院校产教融合的全球化创新孵育作用，又突显产业链作为轮轴核心的作用，共同促进组织邻近的全球化创新互联网络发展。可以参考德国最大的工业生产研究所——弗兰霍夫研究所的创新发展模式，即通过组织相邻关联，开展广泛组织同盟发展，包含工程建筑、车辆、云计算技术等 22 个同盟组员，同时借助研究所、研究中心、高校和行业企业公司的协作互联网络，进一步推进研发基地、二级科研机构等深入发展，推动其全球化产业链创新互联形成。

产教融合协同育人的创新互联网络既包括在国内所进行的产教融合协同育人共同体的基本建设架构，也包括全球视野下产教融合协同育人的创新互联网络建设逻辑。其基本建设与更新环节可分为产教融合协同育人创新联盟构建、多方面吸纳多元化建设主体参与产教融合协同育人共同体创新联盟、市场化运营产教融合协同育人共同体、产教融合协同育人建设集群的创新互联网络的产生以及产教融合协同育人全球化线路开发等。如浙江商业职业技术学院可以参考该方式，依靠其在国际交流教育与教学过程中的优势，以现有海外中餐学院、中尼商学院、中法商业经济研究中心等实体形态的组织架构，进一步强化国内国际商科文化教育知名度，积极推进面向产教融合协同育人共同体韧性发展的全球化，促进产教融合协同育人共同体建设集群的构建，助推"商科+"产业链创新网络的构建，践行学校"商通天下 文传古今"的办学理念。由此从组织邻近考虑，加速优势专业领域的知识技术应用共同体网络组建，积极开展不同区域的商科教育创新合作，以国际商科教育研讨会、商科教育成果推介会、商科教育联盟交流会等强化区域产教融合协同育人韧性发展，多方位提升国内外商科专业教育与研究关联的紧密度。从目前高职产教融合协同育人共同体韧性发展的建设进阶看，必须重点关注核心技术应用开发的多样化发展方式，依据市场化发展的需求进行研发。

第三节 高职产教融合协同育人共同体模式韧性发展的主要举措

一、高职产教融合协同育人共同体模式韧性发展的动能

高等职业教育兼顾高等职业教育的水准、质量标准以及职业教育的办学方向，在培养模式上仍坚持技术本位理念，凸显学生就业导向的技术技能人才培养，培养全过程重视工学交替与产教融合，培养评价指标体系多反映校企合作的多元评价。在高职产教融合协同育人走向韧性发展的过程中，高等职业教育越来越注重"研"，具体表现为更为重视专业技术技能累积以及理实融合、创造性处理现场技术、加工工艺等综合能力。从高等职业教育产教融合的动力机制看，主要包含资源依赖及创新驱动发展两个方面。图 7.2 为宏观视角下高等职业教育产教融合协同育人共同体模式韧性发展的构建逻辑。

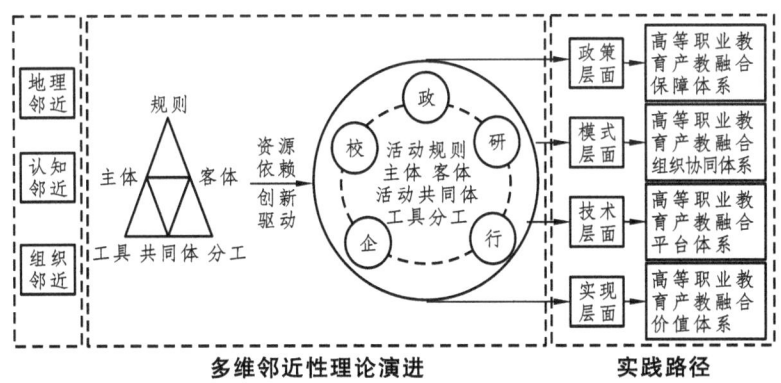

图 7.2 高职产教融合协同育人共同体模式韧性发展的建构逻辑

国内高职教育领域研究学者认为产教融合协同育人的主要驱动力之一在于资源依赖，其基本假设是当代组织机构均是开放系统平台，亦即组织机构为了实现发展一定要和外界因素持续开展活动互动、资源互换，从活动中获取本身生存甚至发展所需要的有关资源。对这种活动、资源的连接要求构成了组织和外界组织、环境的资源依赖关系。与此同时，资源的稀有度与重要程度又反过来影响依赖关系，而组织机构间深度合作发展的驱动力也正源于对彼此之间资源的依赖。资源依赖作为高等职业教育产教融合协同育人方式的高速发展推动力，作用显而易见。以本科职业教育的发展为例，我国目前打造本科职业教育较为密集的做法分别是：第一，将原先独立学院和优质高等职业院校合并，集中已有的办校资源共同转为本科职业大学；第二，将公办或民办的高等职业院校直接升为本科职业大学，这些院校本身具备资源与实力俱佳的发展条件。根据资料整理，我国第一批 22 所本科职业大学基本上都与本地产业链、行业企业进行资源对接，拓展发展通道。第二批升格的本科职业大学则基本上都是合并转设而产生资源关联。如浙江广厦职业技术学院在政府部门积极的政策扶持下，升格为浙江广厦职业技术大学，促进了本科职业大学和行业企业所代表的本科职业教育，在文化、社会、经济等领域获得了更多的供给总量。主要方式是促使相关院校和行业企业等各自获得本身发展需要的资源，学校通过加强合作得到办校与人才培养所需要的资产、场所、捐助，以及高质量的课程内容、关键技术、公司企业文化等新型资源，企业则得到现行政策、人力资源、信息内容、信誉、系统技术等相对应的资源。在这一体制机制的影响与推动下，职业教育与行业企业深度合作的方向更多地侧重类型化资源的获得型协作，亦即针对资源的获得总量和获得渠道，关注与付出远远超过了资源合作建设，这在一定程度上导致现阶段职业教育与行业企业所开展的产教融合协同育人的方式依旧是单一、短期、浅表层次的。因此，政策扶持、模式构建等各个方面的正确引导是十分必要的。

创新驱动发展为产教融合协同育人带来了强劲的驱动力，世界各国皆在积极实践中。如俄罗斯面对剧烈的全球化竞争与社会经济发展的要求，开启旨在创新发展的卓越计划"5 top 100 计划"。计划通过 7 年的时间推进产教融合深度发展，实现建设发展 5 所世界一流大学的目标。乌拉尔联邦大学等不少院校结合实际，借助本地产业资源，与产业企业等开展协作，形成了以能源与工业为主体的教育发展架构，开展服务地方经济、提升人才质量和面向人力资本市场需求的对接，在一定程度上推动了俄罗斯产教融合协同育人的现代化建设。2021 年，俄罗斯运行"5 top 100 计划"全新升级版，深入推进产教融合协同育人过程，也即将走向韧性发展的道路。我国目前参加"双高计划"建设的学校是高职产教融合协同育人等相关举措的主要实施者，也是本科职业教育、产业学院建设等的创新发展者。作为实际性推动高职院校产教融合创新能力持续发展的"双高计划"建设，对贯彻落实《中国教育现代化 2035》《职业教育提质培优行动计划（2020—2023 年）》等教育发展战略具有积极意义。虽从建设项目制度上讲，有计划参加本科职业教育项目的院校不可以位居"双高计划"项目建设，但后者中的院校到前者名单中是渐进发展而又实至名归的。显而易见，从创新驱动发展战略管理的逻辑审视，从方式适用、技术聚集、价值实现等多个方面积极与活动共同体、专用工具、产出等发生契合，将于中后期带动一批"双高计划"建设高职院校走上以本科职业教育发展为代表的产教融合协同育人共同体模式韧性发展的建设道路。"双高计划"的快速推动与发展，有利于产教融合协同育人建设平台与活动等突破原来高等职业教育与产业发展的局限性，以更完善的解决方案促进深层产教融合发展，以虹吸现象融合各自外部环境中的活动网络资源并形成新的发展平台，增加对外界资源与优秀人才的吸引力。借助产教融合环节中优势互补和组织学习强化组织竞争能力，增强自主创新和人才队伍建设的效益，更好地缓解多元化建设主体共同面临的内外部竞争压力。

二、高等职业教育产教融合协同育人共同体模式的韧性发展路径

以解决问题为导向，基于多维邻近性理论的观测，突破高等职业教育产教融合协同育人模式韧性发展困境的关键在于围绕职业教育特点与需求，在资源整合与创新驱动的双重驱动中突显"政校行企研"多元建设主体职责，保障产学研资源的供给，构建政策、模式、技术及实现等层面产教融合协同育人共同体进阶发展体系，构建高等职业教育产教融合协同育人共同体模式，推动该模式的韧性发展，并推进产教融合利益共同体走向命运共同体。

1. 政策方面：搭建赋能发展的高职产教融合协同育人保障体系

政策的牵引带动始终都是确保高等职业教育产教融合协同育人持续发展的重要因素，以"政校行企研"产教融合协同育人共同体共同发挥在有效连接产教融合中的规则赋能优势。政策的牵引作用表现在下面三点。第一，发挥创新发展战略的正确引导与国家政策制订的兜底作用。通过权力下放赋能，激励行业、研究协会、企业、社会等多元化主体参与高等职业教育，为推进产教融合协同育人打下基础。紧紧抓住政府部门在高等职业教育编制化管理中专业分类、人才培养方案与产教融合协同育人的连接作用，优先形成具备地区联盟适应性持续性的政策管理体系，通过制订和优化产教融合的高速发展政策，为高等职业教育提供政策层面的保障。第二，发挥地方区域在政策制订与贯彻落实中的导向功能。以国家发改委、教育部发布的产教融合型企业和产教融合试点区为发展节点，推动教育链、产业链、创新链、人才链之间的有机衔接。正确引导和推进行业企业与当地政府、社区街道等广泛联动，在创业创新所形成的知识产权架构下正确引导地区加强对高等职业教育的支撑与扶持。与此同时，优化促进当地政府和民间资本协作、购买服务模式，推出购买产教融合专业服务岗位等形式，推动多元化建设主体参与其中。

紧紧围绕企业增效益与提高制造水平的实际需要，提供院校服

务企业员工技能培训学习、线上培训学习等协作服务项目；把产教融合深度合作的条款落实到高职院校的人才培养、科研以及社会服务管理等制度设计中，推动企业与高职院校工作与文化场域的沟通融合，推动彼此资源网络融合发展。第三，发挥院校、行业企业在政策贯彻落实中的特色功能。重点围绕培养具备较宽专业理论知识与专深实践技能、能解决复杂工作情景中涉及高素质技能水平等问题的高素质技术技能人才培养总体目标，提高高职教育的通识性与职业教育的理论性，推进多种类职业教育的特性探索。协同多元化建设主体，在已有职业教育的特色中融入"研"的因素。为构建与产教融合协同育人发展的高架桥，在课堂教学、实习实践、课堂教学评价、课程管理、师资建设、社会服务等各个方面，设计合乎高职院校持续发展和特色化、品牌化、标准化学校建设的院校管理制度体系。

2. 模式方面：形成共同体联动的产教融合协同育人组织协同体系

高等职业教育产教融合协同育人的实践活动表明，提高多元化建设主体参加并推动共同体建设的实效性才是核心，其关键取决于提高行业企业对产教融合协同育人的认同度并不断增强其协同性。共同体活动理论提到的发展共同体模式的六要素，需设计科学合理的发展模式（活动规则标准），开展线上与线下多种技术和平台层面的结合应用（活动专用工具），丰富产教融合的具体活动内容（活动行为客体），激发多元化建设主体参与的积极性，构建政府部门、行业企业、院校、科研机构、民间资本、社会资源等联动的产教融合协同育人共同体模式，确立多元化建设主体的分工合作（活动职责分工），一同解决产教融合协同育人的相关发展模式中的问题。建设共同性联动发展的产教融合组织机构协同管理体系，关键要从以下四个方面使力。第一，提升活动资源的多元性，破解产教融合内部发展的资源瓶颈问题。以高等职业教育产教融合协同育人共同体模式发展的规律为标准，进一步增强多元化建设主体的参与度，邀约校内校外专家对活动资源的挑选提出建议，从多元化建设主体等更多更好的发展平台中由下而上与由上而下相结合发掘资源，以满足高等职业教育快速发展的需求。如山东海事职业大学推行"1·2·4"立式创新创业教育方式，明确指出以核心素养为基础，推进理论与实际相结合，促进产教融合、赛课融合、校企融合与专创融合，建立政府人员、资深专家、企业成功人士等多样化建设主体协同育人的科技创新创业指导教师库，实行"创新创业社团活动—创新创业赛事—创新创业项目训练—创新创业项目孵化"的创业创新项目入驻孵化与资源挖掘管理办法，以"青聚威海—青鸟驿站"等梦想导师进校园活动、"齐鲁训练营"等实践调研活动，提升多样化建设主体融入共同体、参与活动资源开发的积极性，促进创业创新项目与产教融合协同育人资源的连接，并在实践中获取经济收益。第二，提升活动共同体的协作性，满足产教融合植入模式的发展需求。充分发挥活动共同体的协作作用，构建以政府机构为引导，学校、行业、企业为中坚力量，科研单位等为主体，民间投资、社区资源为协作力量的产教融合协同育人联动发展方式。

3. 技术层面：搭建"虚拟+实体"的高职产教融合协同育人平台管理体系

目前高等职业教育产教融合协同育人在制度落实层面存在的困难并不是资源财产投入层面的缺失或合作对象目标的空缺，而是缺乏能够充分运用多样化建设主体整合资源能效、进行利益共享分派的活动平台。平台管理体系搭建，需要三个层面互相配合。第一，促进政府机构层面科学制订平台整体发展的规划。以人工智能发展等战略统筹安排网络资源，瞄准服务行业、战略新兴产业、未来产业等，实现多个层次的平台对接，提升行业、企业参与产教融合协同育人发展的主动性与便利性。搭建高真实感的产教融合协同育人行为活动的模型，为其生成结果提供模拟仿真与可信度评价，强化对未来产教融合协同育人群体行为交流真实度、可操控性与可拓性方面的分析解释。推动专科、本科、硕士职业教育领域的技术认证与全线贯通对接。第二，推动地区层面有效引领产教融合协同育人发展与评估的建设。基于"双高计划"建设监控评估平台，逐步完善地方和行业企业等协同机制，强化产教融合协同育人在虚实两个层面的关键技术、数据驱动与活动的管理框架建模及连接，增强产教融合协同育人的仿真模拟行为活动与现实的映射及同步处理，由此促进数据应用与信息数据开发的基本建设，促使虚实结合的数据流转与分享，为高职院校产业学院、混合所有制改革、现代学徒制、内部质量监督与评价等云管理积累经验。第三，促进学校、行业企业方面参与产教融合协同育人技术性平台的基本建设。依据最新法律法规中关于教学管理与服务的描述，促进产教融合协同育人共同体的技术性开发与合作，构建高等职业教育产教融合协同育人的发展平台，提高对行业动向的敏感度，优化人才培养等各个环节，持续推进从专业群到专业联盟、从职教集团到高等职业教育区域联盟发展。人才培养从人工智能应用、区块链技术着手，形成系统感知与群体智能化的学习培训，技术性智能系统与心理状态、感情个性的情感计算紧密结合的学习培训等混生场域环境，发挥出云计算技术等智能化活动的优势，以平台的多样化活动消除由各个方面建设主体"身份管理"所产生的融入困境，进一步激发产教融合协同育人群体意识与思想，平衡相关利益分成，增强规模化人才培养的基本平台建设。

4. 实现方面：形塑生态共创的高职产教融合协同育人价值体系

党的十九大、二十大报告明确指出了推进产教融合重要改革创新的建设任务，旨在统筹教育与产业发展规划的关联，共同推进教育优先、人才引领、产业创新与经济转型升级。高等职业教育产教融合协同育人必须打破职业教育和产业链之间管理体系的界限，贯彻落实创新发展理念，减少产业链与职业教育链的相互内耗，提升产业与教育系统间相互的支持能力，促进产教融合协同育人共同体模式的价值实现，充分发挥共同体共创价值的效应。第一，高度重视共创价值体系的比照对标。从高等教育领域找比照院校，可以看到中国高水平行业特色高校已取得较好的育人成效，如哈尔滨工程大学、华北电力大学、上海交通大学协同中国广核集团有限公司于2005年建立的特色化大核电站人才培养模式，是产教融合协同育人的典型代表。从实际案例中挖掘精髓并推进高等职业教育产教融合协同育人模式的实现。从职业教育中找参考，则可在"双高计划"建设过程中吸取价值体系的参考规范，从人才培养、技术革新、社会服务管理、传统文化等多个方面提升价值匹配，适当调整迁移到高等职业教育教学的建设中。第二，高度重视共同创造价值体系的多元互动。促进公益性教学课堂特性与商业化运营的多重互动，以达到生产经营性平衡，减少政府机构财政性补助。商业模式的组建，必须以政府机构、学校、行业企业、科研院所等产教融合协同育人共同体中多样化建设主体的互相配合为依托，实现利益共享。同时，也可以推进当地政府采购，实现产教融合的特定服务订单，国际教育服务实现产教融合个性服务的发展方式。第三，高度重视共创价值体系的开放共享。联合社区、科研院所、地方政府公共事业单位等定期开展产教融合协同育人活动展，在活动中增加产教融合协同育人共同体中各参与建设主体的业务量，以提高产教融合协同育人服务的收益。推动学校、行业企业公司、科研院所等关于科学技术集成与转化等方面的渠道建设，探索风投企业在技术转化环节中实现成果商业化的途径，促进商业化经营，提高附加增长值等。

本章小结

产教融合协同育人的理想状态是达成共同体状态，使参与产教融合的"政、校、行、企、研"多元主体息息相关，形成最优组合。高等职业教育产教融合协同育人共同体模式作为一种新型发展模式，有别于传统产教融合关系。政策、模式、技术与实现多层面多因素的结合与互动是高等职业教育产教融合协同育人共同体模式构建的关键。基于高职产教融合协同育人共同体模式的理论分析、韧性发展的创新设计、产教融合协同育人共同体模式韧性发展的困境分析、国内外产教融合协同育人共同体模式的经验举要与综合比较等研究，为多维邻近性视角下高职产教融合协同育人共同体模式韧性发展的对策建议奠定了基础。本章从当前发展与面向未来本科职业大学发展等两个层面说明产教融合协同育人共同体模式韧性发展面临的时代背景。分析多维邻近性视角下高职产教融合协同育人共同体模式韧性发展的核心要素，并提出注重邻近发展需求，拓展产教融合协同育人共同体发展空间；拓展地理邻近边界，构建产教融合协同育人共同体发展平台；贯通认知邻近壁垒，制定产教融合协同育人共同体技术标准；协调组织邻近发展，构建产教融合协同育人共同体创新网络等韧性发展的主要思路。提出高职产教融合协同育人共同体模式的韧性发展路径：第一，该模式以现行政策搭建可持续发展的高等职业教育产教融合保障体系，充分发挥政策兜底功能、导向功能与特色功能，围绕高职教育技术技能人才培养目标，可进一步加强在创业创新中所形成的专利权构架对高等职业教育的支撑，优化当地政府和民间资本公共合作模式，促进校企多元主体的工作与文化场域的沟通融合，促进多方资源供给协调等。第二，以活动规则、活动工具、活动客体等要素，构建共同体联动的产教融合组织合作管理体系，促进高等职业教育公益属性与政府采购项目相融合，实现服务模式的双轨交叉融合，形成教育服务人性化菜单式选购体制，进一步促进产教融合共同体人群合作的全球化发展等。第三，以技术构建虚实结合的高等职业教育产教融合服务平台体系，加强对未来产教融合群体行为互动的解释分析，加强产教融合虚拟仿真行为与现实世界的映射与同步，进一步平衡多主体利益分配。第四，以共同体共创效应形塑高等职业教育产教融合价值体系，注重共创价值体系的参照对标与多元互动，定期开展多主体的产教融合活动展，提高产教融合优质服务的收益，实现公益教学与商业化运作的多路径发展,推进风投企业参与商业成果转化的进程，提高附加值等。

附 录

浙江商业职业技术学院"十四五"事业发展规划（2021—2025）

"十四五"时期是我国全面建成小康社会、实现第一个百年奋斗目标之后，乘势而上开启全面建设社会主义现代化国家新征程、向第二个百年奋斗目标进军的第一个五年，是浙江省交通投资集团有限公司实施"世界一流企业"战略的重要时期，是学校实现中国特色高水平高职院校发展目标、力争举办本科层次职业教育的黄金时期。高举习近平新时代中国特色社会主义思想伟大旗帜，深入贯彻党和国家高等职业教育方针政策，落实《中国教育现代化2035》《职业教育提质培优行动计划（2020—2023年）》《国家职业教育改革实施方案》和《加快推进教育现代化实施方案（2018-2022年）》等文件精神，结合学校第二次党代会战略部署与"双高"计划校建设重大任务，描绘好学校"十四五"发展蓝图，担负起为地方、行业、企业培养高素质高技能人才的任务，对百年老校承前启后、跨越发展具有重大意义。

一、"十三五"时期学校事业发展回顾

"十三五"期间，学校抓住战略机遇，在浙江省交通投资集团有限公司领导的亲切关怀下，在校党政领导班子的正确带领下，全校师生员工齐心协力、奋发有为，紧紧抓住"国家优质高等职业院校""中国特色高水平高职院校和专业建设计划"遴选和建设的重要机遇，在党建与思政工作、专业发展与科学研究、人才培养与社

会服务、创新创业与国际交流等各方面取得丰硕成果，形成办学保障坚实有力、各项工作协同发展、综合实力显著增强的崭新局面，为学校实现更高层次发展奠定了良好基础。

（一）主要发展成就

1. 党建工作全面发展，核心作用充分发挥

校党委深入组织学习、认真贯彻落实党的十九大精神，全面开展"两学一做""不忘初心、牢记使命"主题教育，牢牢把握社会主义办学方向，全力推进学校各项事业发展，"把方向、管大局、保落实"的作用进一步发挥。全面抓紧抓实意识形态工作理论高地和领导权建设，大力推进思想宣传阵地创新，深入开展"立德树人50人谈""支部之声""道德讲堂"等专题活动，挖掘先进典型，讲好身边故事，党建工作的政治引领作用进一步加强。全面推进学校民主管理，构建和谐有序发展的良好局面，落实党建带工建、党建带团建的工作机制，强化党代会、教代会、工代会、团代会、学代会"五会"民主管理渠道建设，完善组织生活会、民主生活会、考评推优及重大事项决策机制，丰富高层次人才、民主党派人士等广大师生员工参与学校管理的形式，推动学校发展的力量进一步凝聚。全面落实党管干部、党管人才原则，以第五、第六轮全员聘任为契机，调整优化组织架构，加强干部队伍建设，健全多层次人才工作机制，学校事业发展的组织保障和人才保障水平进一步提高。全面坚持党建工作与业务工作同谋划、同部署、同落实，校党委紧密结合学校不同阶段发展任务和发展特征，组织开展"四风"建设、"双高"建设、"重要窗口"建设等专题性大讨论活动，全校上下推进学校改革发展的共识进一步巩固。

积极探索党总支领导下的院长负责制等管理方式改革，全面实施二级学院党政交叉任职制，落实配备二级学院党务专职副书记等制度，强化教学一线党建育人工作职能，全面提高人才综合素质培养的能力。健全基层党建工作机制，深入开展"书记抓党建""亲青谈""悦读会""三联系两带头""心目中的好老师""师韵兰

香""总支书记读书会""辅导员沙龙"等丰富多彩的基层党建活动，全面加大党建工作力度。

切实履行党委主体责任和纪委监督责任，不断完善党风廉政建设责任制制度体系，从严监督执纪问责。深化纪检监督员工作机制，将纪律监督融入学校各部门日常工作，基层廉政风险防范常规化。推进廉洁文化示范点建设、创新"读书思廉"等活动，开展"清廉商院"等党风廉政专项工作，强化党内监督、行政监督、审计监督和民主监督的预防体系建设。

通过活动的开展、职责的明确、政策的落实，学校党建工作成效显著，近年来，被评为全国高职院校思政创新示范案例50强，获全省高校"最受师生喜爱的书记"提名奖2人，受厅局级及以上党委表彰的先进基层党组织21个，获优秀党务工作者和优秀共产党员称号24人次。

2. 办学水平大幅提高，综合实力显著提升

"十三五"期间，学校先后入选国家优质高等职业院校、中国特色高水平高职院校和专业建设计划建设单位及浙江省高水平职业院校建设单位。浙江省教育厅教学业绩考核名次大幅提升，连续五年获A等。近五年，学校共获得国家级教学成果奖4项、省级教学成果14项，建设国家职业教育专业教学资源库1个、国家精品课程6项、国家精品资源共享课1项、国家精品在线开放课程1项、教育部第二批1+X证书试点项目6项，编写国家"十三五"规划教材20本，有中央财政支持实训基地3个、国家级生产性实训基地2个、国家级师资培训基地1个、省级示范性实训基地11个，生均教学科研仪器设备值13152.14元，有省级非物质文化遗产传承教学基地2个。

学校以社会需求为导向，形成紧密对接行业产业及时动态调整专业的长效机制，新增物联网应用技术等5个专业，调整数字媒体艺术设计等7个专业，建成会计、移动商务、电子商务、供热通风与空调工程技术、环境艺术设计、烹饪工艺与营养、商务数据分析

与应用7个教育部高等职业教育创新发展行动计划骨干专业，烹饪工艺与营养、供热通风与空调工程技术等2个省级重点专业，会计、电子商务、酒店管理、连锁经营管理、环境艺术设计等5个省级示范专业，会计、电子商务、供热通风与空调工程技术、环境艺术设计、烹调工艺与营养等5个省级优势专业，国际贸易实务、物流管理、电子商务、投资与理财、酒店管理、应用电子技术、视觉传达艺术设计、连锁经营管理、环境艺术设计等9个省级特色专业，专业综合竞争力位居全国同类院校前列。依托33个专业开展资源整合，专业链对接产业链，组建电子商务、财会金融、智慧流通、烹调工艺与营养、空调电子、艺术设计等6大专业群，专业群建设初显成效。

"十三五"以来，学校先后获得省级以上教师教学技能大赛奖项53项、省级以上学生技能竞赛626项。获得各级各类纵向课题立项409项，其中省部级以上课题37项。获得各级各类科研成果奖励112项，其中省部级1项，艺术类作品被省级以上博物馆收藏7件。获得各类专利授权480项，其中发明专利18项。获得软件著作权17项，其中教师指导学生获得6项。公开出版学术专著18部，编著12部，公开发表学术论文1314余篇，其中一级及以上期刊论文78篇。全国职业院校技能大赛获奖数量连续三年居全省同类院校第二名，入选全国普通高校学科竞赛评估高职50强，位列2016—2020年全国高校大学生竞赛排行榜（高职）第71名，2016—2020年全国"双高"高职院校大学生竞赛排行榜第56名。荣获浙江省高校科研管理研究会高职分会"科研管理先进集体"称号。

学生专升本比例稳步提高，综合升本率从2017年的19.4%增至2020年的28.3%，稳居全省同类院校前列。留学生教育取得历史性突破，外国长期留学生从无到有，目前已初具规模，教育资源国际共建共享平台不断创新，教育国际化水平在全国同类院校中发展优势显著。

3. 办学特色不断强化，商科影响更为彰显

商科办学特色和新商科专业建设取得历史性突破，商科人才培养水平迈上更高层次。2020年，我校与杭州电子科技大学合作举办电子商务专业应用本科教育，为学校探索本科层次职业教育打下良好基础。新商科人才培养模式更趋精准化、多元化。2018年，浙江省商务厅与浙江省商业集团公司合作共建浙江电子商务学院挂牌成立并落地义乌，旨在开展电子商务专业人才的本土化培养，探索服务全国高校电子商务专业毕业生的"双实双创"人才培养模式。以优势特色专业为依托，不断深化服务浙江省交通投资集团产业发展，先后与三家集团下属企业合作组建"浙江交通商贸学院""浙江轨道交通学院"和"维嘉酒店管理学院"，深入开展人才定向培养工作。"十三五"期间，全校累计为社会输送毕业生达1.8万人，新商科专业在校生岗位网销贡献额居全省高校前列，毕业生办学属地（杭州市滨江区）签约率居在杭高校第二位，相关专业办学社会服务能力、社会贡献率较"十二五"末有大幅提升。

"十三五"以来，学校先后与全国商科联盟合作举办四届商科高峰论坛，与中国商业经济学会等联合举办三届职业教育国际论坛，在商经学会、中西部商科院校合作联盟、浙江商贸联合会、浙商职教集团、中法商业经济研究会等机构中发挥重要作用，在全国商科教育中的影响力与引领力稳步提升。商科办学理论探索取得丰硕成果，累计公开发表商科领域学术论文400余篇，出版《中华商文化》《中华商文化：传承与创新》《新商科——职业人才培养理论与实践》《现代商业创新浙江样本》《长三角商业创新样本》等商科理论编著近百种。先后与宁夏工商职业技术学院、山西财贸职业技术学院、内蒙古商贸职业技术学院、长垣烹饪职业技术学院等院校签订合作协议，形成商科办学集群，进一步推进全国商科职业教育改革发展。

4. 招生就业形势两旺，满意指数稳步增长

学校招生规模稳中有升，全日制普通高等学历教育规模超1.3

万人。生源质量不断提高，招生分数线稳步提升，2017—2020年招生分数线分别超出浙江省控分数线101分、126分、209分和194分。毕业生就业、创业率保持高位，连续五年一次性就业率在97%以上，其中2020年就业率为97.45%，年均自主创业率达5.72%。就业质量不断提高，毕业生留杭率达60%以上，毕业半年后平均起薪为3986.88元，较"十二五"末增长9%。毕业生对母校满意度、推荐度指标均大幅提高，就业满意度达89.52%，对母校推荐度达92.52分，总体满意度达89.66分，较"十二五"末增长5.3%。2018年学校毕业生就业质量跟踪成绩跃居全省前茅，并荣获浙江省首届普通高校招生工作先进集体。

5. 人才队伍引培并举，师资实力显著增强

"十三五"以来，通过外引内培构建起多元化、层次合理的人才队伍，形成以专业带头人、骨干教师和青年教师为主体的专业人才梯队，人才队伍建设成效显著。至2020年末，学校有二级教授4人，正高职称人数50人，在读博士或具有博士学位教师44人，青年教师硕士比例达95.45%以上，双师教师占专业教师比例达87.68%。入选全国模范教师1人，全国优秀职业教育工作者1人，国务院政府特殊津贴专家2人，全国高校思想政治理论课教师影响力提名人物1人，省突出贡献中青年专家1人，省级优秀教师6人，省"五一巾帼标兵"1人，省级专业带头人26人，省"151人才"7人，省国有企业"五个一"人才工程2人，浙江教育十大年度新闻人物1人，浙江教育十大年度影响力人物1人。拥有国家级教学团队1个，省级教学团队3个，省级技能大师工作室1个。教师发展中心开展"名师讲堂""博士论坛""教学沙龙"等各种形式活动达150余项，参加活动教师达8000余人次，学校教师发展中心被评为"浙江省高校教师发展示范中心"。全校行政管理岗位数占教职工总数的20%左右，40周岁以下行政管理人员基本取得硕士及以上学位，学生辅导员年龄均在30周岁以下，人才结构和年龄分布更加合理。

6. 地方合作不断升级，社会服务能力提升

学校重视社会服务平台搭建，分别与义乌市、龙游县、嵊泗县、舟山市定海区等建立战略合作关系，服务地方旅游、餐饮、商贸等特色经济发展。新增圆通速递、海康威视、大华电子、数联中国、杭州地铁、中国邮政集团浙江省分公司等合作企业，为行业、企业定向输送了一大批专业技术人才。"十三五"以来，成功实施和转让专利133项，超过规划预定目标11%，在《2016—2017年度中国高职院校专利产出排行榜》中位居全国第28位。承担企事业单位委托的技术服务项目300多项，技术服务到款额2040余万元，技术服务产生经济效益达7650余万元。学生在"双十一"期间累计为企业实现销售额达69.36亿元。专业教师积极为地方改革发展建言献策，涌现出一批紧密结合经济社会热点问题、破解发展难题的优秀研究成果，累计7项研究成果被各级政府采纳。

以技能鉴定所等平台为依托，积极开展岗位、就业与再就业、大学生创业等培训活动，不断开拓继续教育市场，努力服务地方经济发展。学校在稳步发展学历教育的同时，大力拓展非学历继续教育，"十三五"期间非学历培训服务达46.6万人日，非学历培训到款额4293万元，社会服务能力明显提高，为区域经济社会发展提供人才支撑，将学校继续教育事业推上新台阶。创新创业教育教学模式，拓宽生源范围，精准培养地方紧缺技能人才，进一步构建"创客空间—创业苗圃—创业孵化器—创业加速器"项目孵化生态体系，创业教育质量与水平不断提升，毕业生创业率保持较高水平。

7. 产教融合迈向深入，工学结合成效显著

学校与雷迪森旅业集团、省轨道交通集团等合作成立雷迪森酒店管理学院、轨道交通学院等10余个校企合作学院。深入开展"引企入校"工作，先后引入浙江省饭店业协会、浙商财险等行业、企业，推动兼具生产教学功能的共建共享型实训基地建设。大力推进现代学徒制教学改革，不断扩大现代学徒制教学试点专业范围，先后与物美华东公司、百诚电器、绿城物业管理等企业合作，开设物

美课长班、百诚家电顾问班、绿城物业班等，共同探索联合招生和现代学徒制人才培养模式。2018年，学校牵头成立的浙江商业职业教育集团入选首批浙江省示范性职教集团，2020年成功入选全国首批示范性职教集团培育单位。

8. 开放合作不断创新，国际影响逐年攀升

"十三五"期间，学校加强教育国际化体制机制建设，大力推进教育国际化的优势积累和品牌打造，连续3次入选全国高等职业院校国际影响力50强，教育国际化工作卓有成效。学校目前已开设4个教育部备案的中外合作办学专业，累计招收来自27个国家和地区上千名留学生，数量居全省同类院校前列。学校先后与美国、法国、澳大利亚等国十余家高校及企业建立合作关系，不断深化对"一带一路"沿线国家职业教育服务，建成"中尼商学院"及多所海外中餐学院，构建起师生国际交流、学习、实践的稳定环境。加强与中国教育国际交流协会、国家留学基金委、有色金属行业协会、归国华侨联合会等组织机构的联系与合作，开展海外中餐技能培训、中国乒协国际培训等活动，教育国际化平台逐步多元化。加强教育国际化研究及资源共享平台建设，先后组建中法商业经济研究中心、国际商科职教联盟、中荷国际旅游人才研究中心等5个协作组织，为提升教育国际化水平打下良好基础。加强中国特色职业教育资源和标准建设与输出，累计开发被国（境）外采用的专业教学标准达31个、课程标准90个，培训国（境）外人员达5.3万人次，学生境外技能大赛获奖45项。

9. 治理体系不断完善，文化育人成效显著

2016年，《浙江商业职业技术学院章程》获省教育厅备案，我校首次实施大学章程，开启学校治理新篇章。2017年完成全校规章制度首次梳理，为推进制度"废改立"奠定基础。2019年，在财政部内控体系专项评价考核工作中，学校内部控制体系建设获优等。2020年，根据浙江省委、省教工委的要求，完成第一次大学章程修订工作。学校以大学章程为核心，有序推进绩效考核管理办法、职

称自主评聘办法、合同管理办法、国有资产管理办法、校内预算管理办法、采购管理办法等重要规章制度的制订与修订，人事、财务和资产等管理制度更加健全，重点领域、关键环节的治理日趋完善。近年来，学校大力开展质量监控体系建设，厘清教学与管理岗位工作标准，健全专业和课程体系建设标准，推进"学校—二级学院—教研室""学校—部门—岗位"三层级质量自我诊断与改进运行机制构建，自主办学水平大幅提高。

治理体系不断完善，带动文化育人水平迈上新台阶。学校制定落实《文化育人工程实施方案》，实施校史校训育人工程，大力推进校园文化建设。"健康小屋""墨香书法空间""红色阅读空间"等功能场所相继投入使用，为师生营造更加宽松、舒适、愉悦，兼具校园文化气息和人文情怀的工作与学习环境。工会俱乐部等群团活动更加丰富，学生社团活动品质不断提升，增进了师生对学校的认同感、幸福感与归属感，成为"家文化"和第二课堂建设的重要载体。深入开展"一院一品""一部一品"等校园文化品牌建设活动，通过饮食文化节、电商文化节、毓商文化节、精诚文化节、外语文化节等专题活动，实现校园文化建设与专业建设的有机融合。后勤教辅部门牵头开展"绿叶文化""书香文化"等活动，成为联通服务和育人工作的桥梁，服务育人理念更加深入人心。教学楼、图书馆、体育场等建筑设施优化改造，制冷博物馆、人文艺术楼、校史门建设工程等相继竣工，校园文化建设载体日趋完善。

10. 技术应用迭代升级，智慧校园体系渐成

学校加大信息化基础设施建设，增加网络出口带宽，升级校园主干网络及运维管理系统，信息化水平进一步提升。累计建设和整合教务、科研等管理信息系统13个，减少信息孤岛，通过信息系统建设优化办事流程，推进"最多跑一次"改革。完成医务室、图书馆等人员流动密集点的进出口管理系统建设与改造，提高管理效率，加强安全防范。基于一卡通系统强化校园管理的统一化和智能化，在网络在线支付、缴费、门禁等功能基础上，实现宿舍楼、实验室、

商贸区等能耗计费区域水、电、气的智能化管理，构建远程数据报送采集和智能控制体系。疫情防控期间，部署智能安防管理系统平台，在校园主要进出口设置人脸识别系统、安装红外线测温仪，有效提高校园疫情防控力度。

推动物联网技术在教学管理中的应用，加大智慧教室建设力度，建成智慧教室17间，完成70间多媒体教室分屏设备等更换，完成公共教室109套无线扩音设备添置，形成集自动扩音、电子教鞭、PPT翻页、无线话筒充电于一体的教学设施环境，形成高效、智能的智慧教室群。积极推进"互联网+"教学改革，建成国家专业教学资源库课程45门，省"十三五"普通高校新形态教材14部，建设省级、校级在线开放课程170门。全方位完善线上数字资源建设，建立起丰富、全面的线上教学资源平台，助力教学与管理发展。

（二）存在问题与不足

"十三五"期间，学校圆满完成各项规划任务，实现既定发展目标，各方面工作取得长足进步，综合办学实力显著提升。然而，对照国家尤其是浙江省产业转型发展需要，对照高水平高职院校建设要求，学校发展尚存在不足，主要体现在以下方面。

1. 治理体系有待完善

学校需进一步落实"放管服"改革精神，深化综合治理改革，加强专业设置、岗位编制、职称评审、资产管理、教学监控等体现学校自主办学能力的制度体系建设。校院二级管理机制有待进一步完善，绩效考核的引导作用有待进一步发挥。促进企业参与合作办学、共建共管的体制机制有待进一步加强，有效利用各方资源推进学校办学能力提升的机制有待进一步健全。

2. 专业优化有待加强

专业群建设与大型企业、产业集群、行业组织的对接深度不够，推动区域经济高质量转型发展的战略定位高度不足。专业群建设系统化推进力度不够，专业群结构、专业办学规模、双师型教师队伍建设水平、技术技能社会服务水平、专业群品牌影响力等有待进一步提升。专业群建设对办学优势资源的整合力度不够，重点专业群教学资源体系化、规模化建设与优化利用有待加强。

3. 服务能力有待提升

学校师资力量和结构在面向社会的技术技能服务能力方面不足，科技研发与技术应用转化能力亟待加强，教师社会服务的综合素质、能力和意识有待提升。技术技能成果积累、技术服务应用的激励机制、可持续发展机制需进一步健全，教学与科研的相互促进机制有待于探索，以科研带动学校整体发展的战略路径应进一步厘清。

4. 资源瓶颈有待破解

"十四五"时期，随着学校发展规模的拓展，以及人才培养水平向更高层次推进，办学资源供给的需求增加，人力资源等办学运行成本支出压力随之增长，财力资源的保障问题将会日益突出。如何进一步增强资源意识，提高资源筹措能力，统筹兼顾开源节流，为建设高水平高职院校奠定坚实的基础，是学校进一步发展亟待解决的问题。

二、"十四五"时期学校事业发展面临的形势

"十四五"时期，我国发展仍然处于重要战略机遇期，但机遇和挑战都有新的发展变化。面对错综复杂的国际环境带来的新矛盾、新挑战，面对我国社会主要矛盾变化带来的新特征、新要求，面对"技能中国""重要窗口"等建设带来的新任务、新机遇，学校需正确认识当前和今后一个时期国际国内形势变化的规律、特征和要求，准确把握发展方向，精准制定并妥善实施战略举措，全面提升服务国家战略与区域发展的能力。

（一）经济社会发展提供新机遇

"十四五"时期，我国经济已由高速增长阶段转向高质量发展阶段，将加快构建以国内大循环为主体、国内国际双循环相互促进的新发展格局，同时推进国家治理体系和治理能力现代化建设。长三角一体化发展国家区域战略的提出，省域层面大湾区大花园大通道大都市区"四大建设"战略布局的确立，国家自由贸易区和综合改革区在浙江的落地，政策叠加释放系列红利，为学校的下一步发展带来了良好契机。当前，学校举办方浙江省交通投资集团有限公司正处在争做世界一流企业进程中，要求学校服务行业中心工作，自觉融入交通行业发展大局，给学校发展带来了新机遇和新挑战。经济社会发展的新形势要求学校有效对接国家和地方重大需求，在专业发展方向、办学资源整合、人才培养模式等方面进一步加强战略性、前瞻性布局，也要求学校勇挑重担，在技术技能人才培养和社会公共服务供给等方面做出更多更大贡献。

（二）技术革新提出新要求

新一轮科技革命和产业变革深入发展，使得新经济、新技术对教育的渗透愈加深入，教育信息化、智能化发展要求对人才培养模式改革提出新要求。在新一轮高职院校竞相发展过程中，借助新技术汇聚国内外卓越教育资源，重拳打造特色化职业教育高地，不断做大做优做强高等职业教育品牌，巩固高职教育良好形象和社会地位。全面推进现代信息技术与教育教学深度融合，实现教育理念、方法和手段全方位创新，进一步点亮"商科特色"，将是"十四五"期间我校面临的重大挑战。

（三）职业教育发展进入新阶段

"十四五"时期，我国教育进入高质量发展阶段，教育改革的宏观政策与外部环境均发生深刻变化，职业教育加快向类型化发展，高等职业教育进入分层发展的关键期。与此同时，人才需求端也正发生深刻变化，社会对高职教育发展的期待从提供充足的受教育机会向提供高质量的高职教育转变，促使办学向更优绩效、更高品质和更好服务转向。高职教育必须适应新常态，把高质量供给作为发展方向，满足人民群众和经济社会对优质多层多样高职教育的需要。高职教育应与产业发展有机衔接、深度融合，构建与行业企业互融合作的发展机制，重点针对相关行业的需求提供更广泛的职业教育服务，以满足区域经济社会发展在技术技能人才、技术技能积累等方面的需求，满足接受职业教育的个人成长和职业发展的需要。

三、"十四五"时期学校事业发展的指导思想与总体目标

（一）指导思想

以习近平新时代中国特色社会主义思想为指导，深入贯彻党的十九大和十九届二中、三中、四中、五中全会精神，全面落实习近平总书记关于教育的重要论述和对浙江的重要指示精神，根据浙江省委《关于制定浙江省国民经济和社会发展第十四个五年规划和二〇三五年远景目标的建议》的具体要求，围绕浙江省经济社会发展对技术技能人才培养和技术创新服务的需求，忠实践行"八八战略"，全面落实"立德树人"根本任务，紧紧围绕"双高计划"建设，全力打造与"三地一窗口"相适应的职教高地和"重要窗口"的商科职教风景。

（二）发展目标

以高质量发展为核心，以本科层次职业教育为引领，秉承"商通天下、文传古今"精神内核，构建商科职业教育贯通体系，努力推进学校跨越式发展。到2025年，建成具有创业教育优势和显著商科特色的国内一流、国际知名的高水平高职院校，基本实现治理体系和治理能力现代化，综合办学实力和水平位于全国同类院校前列，成为中国"商业职业教育"的卓越品牌。

四、"十四五"时期学校事业发展的主要举措

"十四五"期间，学校将通过深入实施"十项工程"，落实36项重点建设任务，全面实现快速、高质量发展，实现《中国特色高水平高职学校和专业建设方案》既定目标，办学品牌特色将得到进一步强化，学校整体办学水平将得到大幅提高。

（一）实施党建品牌创优工程，全面发挥党建引领作用

1. 深化党的全面领导，加强办学政治保障

坚持党委领导下的校长负责制，完善党委主体责任和党委书记抓党建第一责任人的工作机制，积极发挥党委领导的核心作用，压实党委把方向、管大局、保落实责任，坚持谋大事、议大事、抓大事，统筹推进"重要窗口"的商科职教风景建设，推动党建工作与"双高"建设同落实同促进。加强党委对学校治理体系和治理机制建设的统领，统筹推进智慧校园、书香校园、绿色校园、平安校园"四个校园"建设。着力发挥二级学院党组织的政治核心作用，进一步深化二级学院党组织领导下的院长负责制试点工作，完善校院（系）两级理论中心组学习制度，优化基层党组织设置，健全党支部参与重要事项决策机制，探索党支部工作评价指标全面纳入"双高"建设、学校"十四五"发展规划建设、专业质量评估、教学科研成果评估和学生管理服务等机制建设。完善各级党组织建设、党员民主评议、民主生活会、组织生活会等制度，全面推行基层党组织"堡垒指数"和党员"先锋指数"考评办法，充分发挥党组织在"双高"建设中的"头雁"效应。健全和完善"三全育人"思想政治工作格局，全面统筹思想教育、校园文化、科技创新、社会实践等各领域、各方面的育人资源和力量，推进"三全育人"典型学校建设。坚持"党建带工建""党建带团建"，发挥工会、共青团、学生组织、民主党派和无党派代表人士在学校民主管理中的作用，巩固和创新党组织和党员联系群众的渠道。

2. 强化基层党建工作，筑牢战斗堡垒之基

对照《党建标准化工作手册》，层层落实管党治党责任，全面夯实基层党建工作基础，提升基层党建工作热度，立足基层党组织搭建"小平台"、解决"小问题"、培育"小成果"、树立"小典型"，开展"大党建"。充分发挥学校党组织的政治核心和领导核心作用，建设政治过硬、素质过硬、能力过硬、业绩过硬、作风过硬的"五硬"干部队伍，强化党总支、党支部的党建工作领导力。利用浙江省交通投资集团有限公司平台和战略合作单位资源，加大对优秀年轻干部的企业历练，促进干部能力素质的全面提升。注重选拔政治过硬、熟悉党务、善于把握教育规律的党员选担任基层党组织负责人，选优配强基层党组织书记。开展教师党支部书记"双带头人"培育工程，提升支部书记党建和业务双融合、双促进能力，争创高校"双带头人"教师党支部书记工作室。推动教师党支部书记"双带头人"配备全覆盖，畅通党务干部发展通道，构建党务干部职务职级"双线"晋升通道。加强党员队伍建设，坚持把政治标准放在首位，保质保量发展党员队伍，注重向"双高"建设骨干人员、高知群体、优秀青年教师群体倾斜。建立党员先锋岗、党员示范岗、党员责任区，引导广大党员勇挑重担，在学校"双高"建设中更好地发挥模范带头作用。

3. 推进党风廉政建设，深入阳光校园创建

强化管党治党"两个责任"，强化落实全面从严治党"四责协同"机制，强化党委主体责任、党委书记第一责任、班子成员"一岗双责"、纪委监督责任，推进纪检工作高质量发展。树立大监督理念，构建大监督体系，有效发挥党委全面监督、纪委专责监督、工作部门职能监督、基层组织日常监督和党员、群众、社会民主监督的作用，形成"五督并举"的监督合力，增强监督实效。深化内部专项检查机制，精抓细查、以点带面、立足解决问题，强化各基层党组织、各部门主体责任落实，深入推进对各基层党组织班子成员、各部门负责人的巡查。加强政治监督，持续推进政治生态分析评估和党风廉政建设分析研判机制，更新完善领导干部和单位廉政档案，精准领导干部政治画像。深化完善党风廉政建设检查考核制度，建立健全多渠道收集问题线索的工作机制，坚持用制度巩固扩大作风建设成果。加强工程建设、科研活动、干部经济责任等领域的事中、事后审计，持续推进"清廉商院"活动，大力推进"十事阳光"，开展阳光校园创建工作。

4. 创新党建工作品牌，激发学校发展活力

做精做强现有党建特色品牌，深入推进"支部之声""亲青谈"等品牌活动，深化"三联系两带头""七走进"等联系基层制度。加强党建阵地服务师生等功能建设，凝练高水平党建成果。做好做优富有特色、贴合实际的党建工作样式，进一步发挥党建品牌的示范辐射功能。全面推进党委、党总支、党支部工作标准化建设，围绕班子建设、制度建设、阵地建设等方面完善标准内涵。全面梳理、系统总结"清廉商院"的建设成果，打造"清风商韵"党风廉政建设品牌。深入开展"清廉商文化""清廉好家风"等活动，深入推进"廉洁文化示范点"建设工作，精心提炼和宣传"廉洁文化示范点"创建成果。

【专栏1：党建品牌创优工程】
全校形成党建品牌6个；建成政校深度合作的育人载体1个；推进"三全育人"典型学校建设；建成"清风商韵"党风廉政建设品牌；建成省级反邪教宣传教育基地1个。

（二）实施治理体系现代化工程，全面提高学校治理水平

5. 完善规章制度体系，提升规范化管理水平

围绕浙江努力打造省域现代治理先行示范区的总体要求，统筹推进学校制度体系现代化。落实《浙江省事业单位章程管理暂行办法》《高等学校章程制定暂行办法》，健全以章程为总纲的制度体系，完善以基本管理制度和具体规章制度为主体的制度体系。进一步优化适应新时代商业职业教育发展的制度内涵，重点完善教学管

理、学生管理、校企合作管理等制度，突出商科特色办学的制度优势。加强内控体系信息化建设，优化资产、资金等重要办学资源配置机制。加强二级学院制度体系的规划与建设，进一步完善二级学院领导班子集体决策议事制度。聚焦制度体系的科学化与现代化，扎实推进规章制度"废改立"，制定实施制度管理办法，推进制度规范化管理。

6. 强化履职监督评价，丰富自主办学关键要素

贯彻省委省政府"深化教育领域综合改革，深化新时代教育评价改革"的要求，构建全员参与、全程覆盖的管理工作质量监控体系。健全专业设置和课程标准，建设基于多元诊断的教学质量监控体系，确保人才培养质量。建成"目标—标准—运行—诊断—改进"螺旋递进的质量内控模式，建立全覆盖、常态化、网络化的质量内控体系，构建保障办学健康有序发展的质量生态系统。加强审计、财务等有关部门的职能监督机制建设，细化绩效考核管理办法，加强风险安全制度建设，立体化构建和完善重要岗位履职尽责评价机制。

7. 健全民主管理机制，营造和谐稳定发展环境

努力在管理改革上有大作为，进一步建立和完善民主管理、民主监督机制，不断完善学校教职工代表大会制度，试行二级学院教代会制度，开展教代会代表巡视工作，充分发挥教代会在学校民主管理中的作用。进一步加强学术委员会、教学委员会运行机制建设，发挥其在专业建设、学术评价、学生事务、学风建设等重要事项上的民主决策和咨询功能。依托工会及其他群团组织，建立健全民主对话制度，营造校园团结奋进、稳定和谐的氛围。进一步完善团代会、学代会制度，健全学生自我教育、自我管理和自我服务机制，推进大学生申诉、维权服务机制建设。

8. 适应教育发展要求，积极推进治理体系改革

深刻把握"放管服"改革精神，加强具有商科特色的高职院校

治理体系建设，持续推进学校治理现代化，提高学校依法自主办学水平，逐步形成具有在国内同类院校推广价值的现代化治理体系。进一步推进"最多跑一次""一次不用跑"改革，不断优化校园内部办事机构和办事流程。落实办学自主权，重点加强自主设置和调整专业，自主开展人才培养和科学研究，自主开展技术开发和社会服务，自主设置内部管理机构，自主开展岗位聘用和人才招聘，自主确定内部收入分配，自主管理学校财产和经费等七个方面运行机制和治理结构的完善。

> 【专栏2：治理体系现代化工程】
> 按照"最多跑一次"改革要求优化服务和办事流程；力争建成具有在同类院校推广价值的商科特色治理体系；基本形成完善的教学质量监控体系。

（三）实施校园文化品牌工程，全面提高文化育人成效

9. 强化师生为本价值理念，倾力打造三同"家文化"

坚持以师生为本，强调尊重人、理解人、关心人，把不断满足师生的全面需求、促进师生的全面发展作为学校发展的根本出发点和落脚点，构建起各部门齐抓共管协同作业的同心、同责、同创三同"家文化"机制。搭平台、建项目、强宣传，将"和睦一家人"的理念融入教学、管理和服务的内容和过程，融入师生员工的工作、学习和生活。健全和完善人文关怀机制，加强对困难教职工的关怀慰问，不断完善"教工之家"软硬件设施，开展"模范职工小家"评选及"春送岗位""夏送清凉""金秋助学""冬送温暖"等丰富多彩的"家文化"活动。鼓励教职工俱乐部等群团组织积极开展健康向上的文体活动，在活动中强化沟通，增进理解，深化友谊。积极争取优质资源为师生员工办实事，完善教职工收入分配体系与师生员工权益保障体系，提高师生员工的归属感和幸福感，让师生员工感受到学校大家庭的温暖。

10. 传扬百年商科办学本色，全面推进商业文化育人

紧抓"十四五"时期我省"实施新时代文化浙江工程，加快推

动文化大发展大繁荣"的战略机遇，围绕"商通天下，文传古今"的商科特色建设精神核心，系统化推进学校文化品牌建设，提高文化育人功效，积极申报国家级文化基地（品牌等）。积极争取中国侨联、浙江省侨联的支持，推进中国华侨国际文化交流基地建设，建成国内同类院校中具有一定影响力的文化基地。做优做强"全真环境创业教育""浙商企业家大讲堂"等省级高校校园文化品牌，迭代升级提高育人内涵、作用功效和影响力。推进杭帮菜烹调技艺传承与创新、版画印刷技术等省级非物质文化遗产传承教学基地建设，要素禀赋提质增效。推进中国制冷博物馆建设，使之成为弘扬大国工匠精神的重要阵地。继续推进"一院一品""一部一品"文化品牌建设，遴选1-2个校级文化品牌升格为省级文化基地（品牌等）。加强百年校史文化挖掘，努力传承"诚毅勤朴"校训积淀，推进校史校情教育，完成校史馆迁建项目。

> 【专栏3：校园文化品牌工程】
> 　成功申报1个国家级文化交流基地（品牌）；新增2个省级文化交流基地（品牌）；建成4个及以上校园文化硬件设施项目；完成校园文化建设案例和理论研究成果10篇；出版商科特色文化建设著作2-3部。

（四）实施人才培养提升工程，全面提高人才培养质量

11. 全面对接立德树人要求，扎实推进思政教育水平提高

全面贯彻习近平新时代中国特色社会主义思想，推进理想信念教育常态化、制度化，加强"四史"教育和爱国主义、集体主义、社会主义教育，将社会主义核心价值观融入人才培养全过程，努力提高思想政治教育水平。统筹"课程思政"与思政课程建设，推进思政课程与"课程思政"同向引领，构建全面覆盖、类型丰富、层次递进、相互支撑的思想政治教育体系，打造一批标准高、特色强、模式新的思政和人文素质类线上线下课程。深化设计思政教育"最后一公里"，激活思政工作"末梢神经"，结合传播职业精神、培育职业素养组织好第一课堂和第二课堂教育，弘扬以德为先、追求技艺、重视传承的中华优秀传统文化。与政府、行业、企业合作开

展内容丰富、形式新颖、传递正能量的先进典型进教材、进课堂活动，推进优秀先进事迹教育。以德育特色案例、课程思政教育案例、思想政治课示范课堂遴选，德育骨干管理人员、思政课专任教师培训，思政课教学创新团队建设等为重点，整体提升全体教师的课程思政能力，整体推进全校的德育工作水平。

12. 全面对接行业产业发展，扎实推进高水平专业群建设

加强整体谋划，促进本专科教育、网络教育、非学历培训等办学类型的优势互补，协同推进与行业产业的对接。按照"1+1+4"的专业群总体布局，建成卓越的电子商务专业群，着力打造优势突出、专业特色鲜明的烹饪工艺与营养专业群，全力开展财会金融、智慧流通、空调电子和艺术设计专业群建设，构筑新时代、新阶段商科培养与数字技术融合的复合型技术技能人才培养的发展格局。加快形成优势互补、协同发展的专业群建设机制，以专业群建设为中心推进教学团队建设、科研平台构建、实训体系与课程体系升级等工作的创新，进一步优化教学资源配置，促进教学资源的共建、共享，形成改革发展合力。坚持以服务区域经济社会发展为使命，进一步完善专业动态调整的长效机制，在保持专业规模总体稳定的基础上，根据产业变化进行专业调整。建立专业群发展与产业发展同步协调的动态机制，根据产业跨界融合的发展趋势，面向行业新业态和产业链新延伸，培育专业群发展新的增长点，促进专业群持续完善，增强专业群与行业企业发展的耦合度。

13. 全面对接人才市场需求，扎实推进人才培养模式改革

根据浙江省委实施新时代工匠培育工程、知识更新工程、"金蓝领"职业技能提升行动，强化高水平工程师和高技能人才、青年技能人才培养的工作部署，以社会需求为导向，改革培养方案，优化专业设置，积极推进办学特色塑造和办学层次提升，对接技能人才市场变化，协同各方资源共同推进技能人才培养改革，全面提高学生技术技能水平和可持续发展能力。按照教育部关于"1+X"证书制度试点要求，将"1+X"证书制度纳入人才培养方案，形成一

套高质量的考证培训与教育教学协同推进机制。鼓励师生积极参与各类技能竞赛，进一步构建技能竞赛"国家—省—校"三级培育体系，进一步发挥常规实践、社会服务、校企合作等与竞赛活动的互融互通。结合课程思政、专创融合教育等创新教学方式，促进课堂走向生产建设一线，建立内外结合、学创交替的教学平台，创建多边共育的人才培养体系。围绕"三教"改革强化专业课程建设，加强课程模块化、系列化设计与改革，推动适应本科职业教育的课程体系开发。以"三教"改革为契机，推进以"双创教育""课程思政"为核心的素质教育改革，真正发挥课堂在人才培养中的"主阵地"作用。开展省级职教教材研究基地和省级职教教材、浙派精品职业教育教材及校本专业教材编写团队建设，推进高质量职业教育教材建设。大力开展校企双方合作开发职业教育规划教材、职业教育"课堂革命"典型案例等培育和遴选活动，开展以产教融合、校企合作人才培养为主线的教学改革，充分挖掘和发挥多主体办学在人才培养中的优势。将劳动教育与专业教育、实习实训、创新创业有机融合，开展生活劳动、职业体验劳动、专业实践劳动等多种形式的劳动教育，推进技能人才培养。

14. 全面对接技能培养需要，扎实推进先进实训基地建设

探索中职、高职、本科等阶段的技能培训衔接机制，形成一体化发展的实习实训环境，加强实践基地对学校专业能力建设，教师教学能力建设和学生工作能力建设的推进作用。突出"高新技术引领""专业群基础共享""校内外基地互补"的建设标准，加大经费投入，高起点规划、高标准建设产教融合实训基地。坚持校企合作，以"开放、共享、智能"的建设理念，推动具有辐射引领作用的高水平、专业化、产教融合的校内实训基地建设。立足职业技能人才培养最新需求，充分整合政府、行业、企业资源，以设备、技术、资金等多种投入形式，建立共建共管共享的校内外实训平台、技能大师工作室。加强生产性产教融合实训基地建设，按照企业生产规范和生产实际设计实训基地，设置教学环境，引入岗位操作规范及先进企业文化与行业标准，强化环境育人功能。

15. 巩固创新创业教育优势，推进双创教育体制机制创新

全面落实国务院《关于推动创新创业高质量发展打造"双创"升级版的意见》《2020年浙江省推进大众创业万众创新工作要点》，坚持商科办学理念，深化"双创"体制机制创新，推进双创教育与素养教育、专业教育、产业经济的融合，优化教育、实践、文化、体制"四轮驱动"创业人才培养模式。积极探索双创教育融入专业教学的有效途径，大力开展"专创融合"示范课程、双创实践基地建设，全面推进创业教育线上线下教学内容开发，根据专业特征、技能特征、人才培养需要开发特色化的专创融合教材。创建"创业导师—创业辅导员—创业联络员"双创教学师资梯队，创新双创教育师资配备办法。强化专业型创业教育师资队伍建设，根据学生不同的创业倾向，针对性地开展创业教育。将创业教育贯穿产教融合人才培养全过程，充分利用校友联络网、产教联盟、校企合作等平台资源，围绕学校特色专业优势和地方产业发展需要，强化校外创新创业实践与研究基地建设。整合集团公司和义乌市电商产业园等企业资源，搭建科技成果转化平台，提高师生科技成果转化率。进一步加强创新创业赛事活动组织，充分发挥"互联网+"大学生创新创业大赛、中国创新创业大赛、"创客中国"创新创业大赛等品牌赛事在创业教育中的作用。

16. 全面对接终身发展目标，扎实推进学生工作内涵提升

根据高考招生改革要求，积极制定实施不同专业的招生改革方案，拓展技能优秀生源，促进生源质量不断提高。探索人才培养"立交桥"，进一步推进高层次技能人才联合培养项目的申报与建设，实现商科职业教育的中高贯通。构建区域产业技术技能人才一体化培养格局。不断提高毕业生就业质量，构建"校—院—系—班"四级就业服务体系。加强校友会工作，充分利用校友会资源，深化就业与创业指导，建构立体化毕业生工作体系。在保持毕业生现有就业率的基础上，将提高毕业生自主创业率作为学校就业工作的核心

评价指标，实现就业质量明显提升，毕业生和用人单位满意度明显提升。坚持围绕人才培养工作，以二级学院思想政治工作队伍为主体，整合育人资源，发挥课程、科研、实践、文化、网络、心理、管理、服务等方面工作的育人功能，健全标准科学、体系完善的"三全育人"工作制度，形成课内课外、校内校外、线上线下多维联动的全员育人、全程育人、全方位育人格局。坚持大学工理念，全面推进"智慧学工"建设，着力探索产教融合过程中师生心理与人身安全保障机制建设，提高为人才培养保驾护航的能力。

17. 全面对接本科层次标准，扎实推进学校事业改革升级

根据教育行政部门统一部署，浙江省"完善职业教育……推进职业教育先行先试""分类推进'双一流''双高'建设，培育一批高水平应用型大学"的精神，争取以自主或联合等方式推进本科层次职业教育事业发展。以《本科层次职业学校设置标准（试行）》《本科层次职业教育专业设置管理办法（试行）》等有关政策要求为依据，从学校工作各个层面开展对标活动，积极推进职业教育本科专业建设，全面提高学校综合办学水平。各二级学院应主动开展专业梳理，从专业特征、专业影响、学生成长、办学特色、学校发展、产业需求等各方面进行深入研究，既考虑宏观又兼顾微观，既考虑长远又兼顾现实，持续推进电子商务、国际贸易等相关专业的升格发展。慎重遴选适合延长学制的专业，优先对标本科办学要求开展专业培育，为专业升格打下坚实基础。加快对相关专业人才培养能力与培养水平的提升，领先达到本科层次教育水平。大力推进非学历培训，保证适合延长学制的优势专业非学历培训人次率先达到不低于在校生数 2 倍的标准，争取全校年均非学历培训人次不低于在校生数的 2 倍。以实现高水平技能型人才培养为主线，推动以职业需求为导向、以实践能力培养为重点的高层次职业教育培养模式创新，积极探索股份制学院、混合所有制学院等现代职业教育办学模式发展路径，积极推动全国商科类企业与院校共筑"职业教育命运共同体"，为提高全国商科职业教育水平、完善全国商科职业

教育体系贡献力量。

> 【专栏4：人才培养提升工程】
> 在校生数稳定在1.3万人左右；力争建成融合型教学团队10个；力争完成国家级精品在线课程2门；建设5个左右高水平国家级实践教学基地；新增全国职业院校技能大赛学生国赛获奖30项以上；争取1-2项国家教学成果奖；建成10个以上校外"课程思政"实训基地；学生毕业一年内自主创业率稳定在6%；获得高级工及以上职业资格的比例达30%，"1+X"制度试点的学生覆盖面达30%；每个专业（群）建设3-5门"专创融合"示范课程；建设8-10个以技能型和服务型项目为主体的创业类双创实践基地；"双实双创"基地为地方输送电子商务创就业人才4000人以上。

（五）实施师资队伍支撑工程，全面提高办学整体实力

18. 加强师德师风建设，巩固立德树人基石

深刻领会和全面落实习近平总书记关于"四有好老师""四个引路人""四个相统一"的重要讲话精神，全面加强师资队伍综合素质和能力建设，强化教师立德树人意识和职业教育情怀，把师德师风教育作为实现"双高"建设目标的重要保障。落实教育部新一轮"全国职业院校教师素质提高计划"，深入开展丰富多彩的师德典型选树活动，营造崇尚师德、争创师德典型的良好氛围。建立师德师风建设长效机制，完善师德评价考核体系，实行师德考核"负面清单"制度，将师德考核贯穿于日常教育教学、科学研究和社会服务全过程。建立健全教师荣誉体系，加强师德评价的运用，在评奖评优、职称评审、职务晋升中实行师德"一票否决制"。强化师德监督，健全师德重大事项报告和师德舆情快速反应机制。以数字化改革和系统方法赋能教师评价改革和综合管理改革，整体提升教师队伍质量。

19. 建好建强师资队伍，保障人才培养质量

深入贯彻中共中央、国务院《关于全面深化新时代教师队伍建设改革的意见》，深刻认识人才资源是学校发展的第一资源，进一步强化人才意识、优化用人机制，注重服务留人，稳步推进师资队伍建设，强化多方人才资源的挖掘与整合，建设一支与高层次职业

教育相适应的师资队伍。面向"双高"建设背景，扎根职业教育和商科办学特色，准确把握师资队伍建设面临的新形势和新要求，做好高端人才引进和基本师资补充，完善师资结构，建设合理梯队，推进人才工作创新。围绕专业群建设、技术技能积累、治理与管理改革等重要领域的建设目标，加强重点学科、重点专业高层次人才引进和培养，形成一批教学、科研、管理、服务骨干教师，为学校实现整体发展目标打下坚实的人才队伍基础。破除"五唯"倾向，将企业生产实践经历、业绩成果等纳入考核评价体系，聘请一批行业企业的专家学者和德艺双馨的能工巧匠来校担任兼职教师，实现"双师"队伍整体实力跃升。大力开展新教师和青年教师业务提升、职业成长"帮扶计划"，重点在青年教师中开展骨干技能型教师培养。推进省级"双师型"教师培养培训基地、省级职业院校教师企业实践基地、省级技能大师工作室建设，优化学校师资培养平台。建立健全人才跟踪反馈机制，积极构建高层次人才服务机制、出彩机制，形成全校上下爱护人才、尊重人才、竞相成才的环境。

20. 构建人才团队体系，强化办学创新能力

围绕学校总体发展战略和发展目标，实施"卓越团队培育工程"，以领军人才为核心打造驱动学校高质量发展的人才团队。重点推进专业带头人团队、"双师型"教师团队、科研创新团队以及管理服务团队建设，充分发挥人才在教学、科研、管理方面的优势，努力在重大标志性成果上取得突破。以骨干教师、青年教师为主体，着力培育社会服务团队，提升参与企业技术革新、先进装备引进、生产方式改造的能力，促进技术服务水平升级。围绕教师教学创新团队遴选活动，分层分类开展教学创新团队培育工作。

【专栏5：师资队伍支撑工程】
争取专任教师博士比例达10%；争取每年柔性引进高技能人才2-3人；力争国家级教师教学创新团队1个；力争省级教学科研团队达到5-6个；力争省级教师教学创新团队1-2个。

（六）实施技术技能创新工程，全面提高科研综合实力

21. 优化科研激励机制，加快科研转型发展

开展以提升科研质量为目标的科研绩效制度专项改革，强化科研激励机制，全面提升科研层次，丰富科研成果。构建专业领域技术技能攻关激励机制，扩大实用技术研发应用的覆盖面，提振科研效率和效益。积极构建校企协同创新平台，建立校企合作技术技能创新、人才培养、资源投入、效益分享和成果评价机制。健全以市场为导向的成果转化机制，保障参与者的权益。制定实施技术技能积累宣传引导机制，营造具有职业教育特色的科研氛围。

22. 大力加强科技创新，全面提高科研实力

以浙江省努力打造三大科创高地为契机，面向产业前沿，培育科技创新与服务队伍，针对不同层次科研人才设立专项项目，多措并举促进科研人才成长和科研能力提升，鼓励校内外高层次人才与专家参加团队化技术研发，提升科技攻关等能力。加大科技成果转化力度，整体提升技术成果管理、运用、服务及保护的能力与水平，全面促进技术成果的市场化和产业化。以"专创融合"的双创项目为载体，全面提升师生科技创新和创业能力，充分展示各专业科技创新和创业成果。开展多种形式的国内外学术交流与合作，强化与本科院校、研究机构和大型企业开展高层次科研项目的合作研究，不断提升科技创新与服务能力，扩大对外影响力。

23. 聚焦技术技能积累，打造社会服务高地

围绕"双高"建设总体要求和未来发展目标，结合学校专业特色和科技人才优势，全面推进科研平台建设。以应用研究、技术开发与社会服务为重点，对接企业技术创新升级需要，合作共建兼具产品研发、技术攻关、成果共享、人才培养功能的协同创新中心、技术研发中心等创新与服务平台。加强专业群社会服务能力建设，鼓励以团队形式主动参与企业技术创新，开展立地式技术研发与服务，为区域经济结构调整、产业转型升级提供高水平技术支撑。围

绕技术创新和人才培养两条主线,将"冷链物流应用技术协同创新中心"建成具有广泛辐射、引领和示范作用的国家级应用技术协同创新中心。加强产业学院、创客中心等基地与主校区的联动,融入社会服务发展。加强空调博物馆育人职能建设,打造制冷技术科普基地。

【专栏6:技术技能创新工程】

争取建成校企合作建设技术研发与服务基地20个;力争师生专利授权不少于200件;争取出版学术著作20部左右。

(七)实施产教融合培优工程,全面提高校企合作水平

24. 深化校企双方合作,提高产教融合水平

以"产教融合、合作育人"人才培养为主线,强化产教融合过程中行业企业标准与国家职业标准的对接,突出以学生技能培养为中心的特色鲜明、动态调整的产教融合、工学结合育人模式建设,推进以"互联网+"、大数据和云计算等新技术为基础的商科应用型人才培养体系构建。加强在电子商务、制冷技术等领域合作,培养适应数字化改革、产业全面融合和引领行业发展的创新型、复合型、应用型人才。深化与行业企业的"五个对接",通过专业与行业产业对接、课程与职业能力标准对接、教学与生产过程对接、实训基地与工作岗位对接、师资与行业企业对接,促进行业企业深入参与人才培养的全过程,努力实现人才培养与人才使用的无缝链接,全面丰富产教融合内涵,提高校企合作育人水平。充分发挥职教集团与政校区域联盟平台,以及校企合作实训基地、校企合作创业基地支撑载体的作用,全面推进与事业单位、地方政府、行业企业的合作,探索与产业园区、开发区、特色小镇在人才培养、技术创新、就业创业、社会服务、文化传承等方面的深度合作,形成校企合作命运共同体。以合作项目建设为载体,凝聚校企双主体协同育人的力量,深入推进与浙江省交通投资集团有限公司、义乌市人民政府等企业或政府的合作,建强建优"浙江轨道商贸学院""浙江轨道交通学院""维嘉酒店管理学院"和"浙江电子商务学院",积极

探索混合所有制办学模式。推进校内外产学合作基地提质发展，通过引入实体企业或企业的部分生产、经营等业务，建立覆盖主要专业领域的教师企业实践流动站，不断加强基地在育人改革、技术创新和产业转型中的先导作用。

25. 推进职教联盟建设，构建高效资源平台

围绕区域经济发展对人才的需求，加强与中央企业、行业龙头企业及高水平职业院校的联系，牵头或参与组建高水平职业教育集团和教育联盟。加强兼具人才培养、生产服务、技术研发、文化传承、科学研究等功能的区域产教深度融合发展平台建设，促进专业群对接企业建成协同性项目平台。加强多主体投入共建教育部首批培育职业教育集团的改革试点，通过人员互聘、平台共享，探索建立基于产权制度和利益共享机制的集团治理结构与运行机制。建立基于学分转换的职教集团内部教学管理模式，持续推进学校在专业设置、师资建设、人才培养、技术研发、实训基地等方面整体水平提升。积极吸收科研院所及其他社会组织参与浙江商业职业教育集团共建，探索以新商业行业为纽带、以一流企业为支撑的紧密型商科职业教育发展道路。完善商业职教集团发展机制，进一步搭建政校合作平台，依托各级政府部门的桥梁纽带作用，集聚和利用区域社会资源拓宽办学空间，构建商贸流通领域"区域联盟"，打造国内一流商科职教集团。

26. 创新学徒培养机制，加强产学协同育人

以阿里巴巴数字商业产业学院、阿里巴巴全球速卖通数字贸易学院等为引领，深入推进产学协同发展。建立与行业企业技术标准、工艺流程、管理规范同步的产学协同标准体系，引进更多的技能大师与企业开展现代学徒制改革，加强以现代学徒制为主的校企协同育人合作模式构建。进一步完善学校招生和企业用工一体化的招生模式，完善基于校企合作形成的人才培养目标，校企协同完成相关专业教学标准、课程标准、岗位标准、企业师傅标准、质量监控标准及相应实施方案的开发。推进双导师制队伍建设，倡导校企互聘

共用、人才灵活流动、校企双向挂职锻炼的用人机制，发挥双导师制在现代学徒制人才培养中的作用。按照职业岗位技能标准，实现专业人才培养与企业人才需求的对接，确立培养具有新思维、新技术、新知识、新素养人才的思想，培养复合跨界式高素质技术技能人才，形成具有全国示范推广价值的现代学徒制教学模式。

> 【专栏7：产教融合培优工程】
> 争取建成具有影响力的产教融合联盟1-2个；争取建成产教深度融合的实习实训基地30个；培育产教融合型企业30家；力争每个专业（群）建成协同性项目平台。

（八）实施社会服务增效工程，全面提高社会服务能力

27. 聚焦社会服务大提升，形成政行企校共赢格局

聚焦高水平人才培养能力建设，围绕"八八战略""六个浙江"任务部署和"十四五"期间浙江经济社会发展总体要求，着力培养高素质技术技能人才，服务地方经济转型发展。紧密结合技术技能创新和文化传承交流，以六大专业群为依托，打造行业企业技术服务和发展引领的核心竞争力，提升专业服务社会的能力。推进专业建设与产业服务的深度融合，以重点专业和专业群为引领，通过与专业领域一流企业的合作，加强教学内容和方法的革新，提升专业服务企业的水平。电子商务等专业群要以深入服务浙江省数字经济"一号工程2.0版""数字长三角"为目标，提升社会服务竞争力，争取成为地方高校为新商科行业企业服务的领跑者。

28. 融入集团发展大目标，提高人才定向培养水平

进一步加强与浙江省交通投资集团教育培训工作的对接，推进集团所属企业与浙商职教集团的深层次合作，共同开展示范性职工培训基地、示范性继续教育基地、继续教育精品在线开放课程建设工作，共同推进教育培训平台开发与运用。通过开展学徒制教育、职业技能竞赛等方式，全方位、多层次、宽领域开展高素质技能型人才定向培养或共同技术研发、推广方面的合作。加强集团所属企业订单式培训项目内涵建设，提高浙江轨道交通学院等运营绩效，

分层分类开发精品化、多样化培训套餐，以满足企业发展的人才需求。推进市场化运作的培训项目与课程研发，建设系统化、多元化的优质职业体验课程、培训课程包和继续教育网络课程。

29. 深化中西部地区服务，丰富教学资源输出渠道

以旅游、烹饪、艺术设计等专业为重点，以推进东西部教育协作为纽带，积极服务中西部地区乡村振兴，在前瞻性、实用型技术技能项目上寻求教育教学帮扶的突破点，助力中西部地区发展。加强新商科专业与中西部经济社会发展的对接，大力开展网络特色商品营销服务。依托东中西部商科院校合作联盟、中华职教社"初阳计划"等平台，联合兄弟院校和有关机构共同加强职业教育平台建设，为提升中西部职业教育水平提供师资培训等资源。逐步扩大中西部省份招生规模，构建中西部地区生源精准帮扶长效机制，采取措施鼓励毕业生到中西部落后地区就业。

30. 构建技能服务大体系，全面推进教育服务创新

深入服务浙江省"新型城镇化战略和乡村振兴战略"，依托"浙江省中职院校与中小学师资专业能力发展培训基地""浙江省紧缺工种高技能培训定点机构"等平台，积极与地方政府合作开展岗位培训、就业与再就业培训，拓宽特定人群与特定工种的培训市场。强化"烹饪工艺与营养"教学资源库等资源在教育培训中的作用，推进培训包开发、培训标准制定和培训项目与方式的创新，拉长技能教育供应链，提升技能教育附加值。在"电子商务国家师资培训基地"基础上，建设更多全国性师资培训基地，加强优势教育资源的输出。

【专栏8：社会服务增效工程】
争取中西部地区年招生500人左右；争取中西部地区生源补助支出达到100万元以上；力争为200家以上企业提供技术服务。

（九）实施教育国际化推进工程，全面提高国际办学影响力

31. 加强教育合作资源平台建设，提升国际合作开拓能力

深入开展与"一带一路"沿线国家的教育交流与合作，进一步填补与世界其他主要经济体院校的合作空白。根据浙江省"丝路学院"等工作部署，搭建海外人文交流中心和丝路学院等资源和研究平台，在教育国际化中传播弘扬中华文化。加强中法商业经济研究中心、国际商科职教联盟、中荷国际旅游人才研究中心等协作平台建设，推进教育合作资源开发。促进中外校际交流，充分发挥合作科研基地的作用，开展中外校际科研合作。以服务"一带一路"为契机，深化基于教育国际化的产教融合工作，构建"行-企-校"合作模式，引进行业企业参与合作办学，承接"一带一路"国家各类人才培养培训项目，尝试开展"一带一路"人才培养培训基地建设。结合海外办学项目、丝路学院建设项目建设烹饪（中餐、西餐）、酒店管理、物流管理、国际贸易等专业的海外实习实训基地，积极推进与沿线国家职业教育课程互认、学历互认等机制构建，完善学分转换机制，探索双向互通的职业教育合作框架。

32. 提高国际合作水平层次，优化国际人才培养机制

鼓励多种形式参与国际职业教育合作，构建"学校有项目、学院有队伍、专业有平台"的全方位、立体化教育国际合作体系，加快教育国际化内涵建设。大力推进中外合作办学项目提质增效，构建中外合作办学项目质量监控体系，保障合作项目的教学质量。加强中外合作办学项目应用型国际化人才的培养，在全校各专业中发挥辐射和带动作用。建立健全国际化专业和课程资源体系，推进全外语课程和双语课程建设，全面提升烹调工艺与营养、电子商务等相关专业课程国际化水平，提升专业国际竞争力。建成全国示范性跨境电商专业，培养高素质国际化商科类技术技能人才，扩大新商科办学国际影响力，输出世界水平、中国特色的商科国际化品牌。加强海外中餐烹饪学院建设，建成西班牙烹饪学院、加拿大中餐学院、意大利中餐学院等项目。进一步深化"中尼商学院"建设，立

足"职业"特色推广"现代学徒制"留学生培养模式，精准对接"一带一路"沿线国家的个性化人才培养需求，以"中文+专业+文化+技能"模式创新开展留学生教育，培养了解并认同中国文化的技术技能人才和企业海外生产经营需要的本土化人才，打造来华留学教育的中国高职品牌，服务"留学浙江行动计划"。

33．提升师生国际能力素养，强化教育输出资源建设

继续坚持"引进来"与"走出去"相结合，制定实施耕漠学院特聘专家和海外高层次人才引进计划，深化教师中长期访学、进修和挂职锻炼工作，通过校本师资国际化和吸纳海外优质师资两条路径推进师资队伍国际化建设。做优做强赴美带薪实习、赴法专业研修等项目，拓展香港、韩国、泰国、日本等地区和国家的长短期项目和夏令营活动，创建学生交流项目品牌，提升品牌项目在学生培养中的引领作用。协同省侨联大力推进"万家海外中餐馆 同讲中国好故事"行动计划。建设高质量海外烹饪空中课堂，做强中餐技能海外培训项目，增强项目的辐射作用。加强与归国华侨联合会、全国餐饮行业协会、阿里巴巴等机构或企业的合作，共同建设国际化专业群、跨境培训基地、先进专业教学标准、高水平教学资源和优秀教学团队，共同开展国际化技能人才培养，提升学校国际教育服务能力。

【专栏9：教育国际化推进工程】
争取建成4-5个海外中餐学院或烹饪工艺鲁班工坊；留学生规模达到1000人左右；创建1-2个具有全国影响力的中外文化交流品牌。

（十）实施管理服务提质工程，全面提高办学保障能力

34．树立全面服务意识，深化三全育人创新

高度重视"三全育人"改革，进一步树立服务教学、服务教师、服务学生的意识。围绕育人核心目标构建精简、高效的管理和办事流程，通过深化"最多跑一次改革"提升管理服务效率与品质。建立美丽校园建设项目库，根据教学和生活需要，有序推进教室优化、

校园美化、宿舍净化，改善育人硬件环境。加大资源投入，创建丰富多彩的文体活动空间，建设师生员工喜闻乐见、健康向上的活动项目，不断提升校园工作、学习、生活的育人内涵。以平安校园建设统领学校安全稳定工作，按照"管行业必须管安全、管业务必须管安全、管生产经营必须管安全"的要求，全面落实安全工作职责，做到"安全意识到岗到人""安全工作到边到角"，筑牢校园安全防线，保障师生平安。践行"厉行节约、反对浪费"的要求，深入开展节俭文化教育宣传，深化"绿叶文化"等活动。紧密结合学校各方面工作和学生成长成才的需要，设计和推进劳动教育，全面调动广大师生参与劳动教育的积极性，营造劳动育人的浓厚氛围，发挥好劳动教育的育人作用。

35. 优化办学资源配置，助力提质增效改革

"十四五"期间，努力破解学校发展短板，着眼在整合资源上有大力度，争取在基本建设上有大推动。要积极探索和推进异地办学，以浙江电子商务学院建设等为重要抓手，逐步缓解办学资源紧张的问题。加强学校空间布局的整体规划，盘活存量，做足增量，进一步提高滨江校区土地资源使用效率，积极推进产教融合大楼等项目的审批和建设，进一步加强教室、寝室等教学教辅设施建设，改善师生校园学习生活环境。进一步发挥德胜校区功能，更好释放办学潜力。积极筹措办学资金，丰富资金来源和投入方式，加大重点领域、重点项目的建设经费投入，逐步解决办学资源紧张问题。大力拓宽获取社会资源的渠道，加强校友会等组织在资源筹集方面的作用，发挥好学校教育发展基金会等组织吸纳社会资源的功能。

36. 融入现代教育技术，推进智慧校园建设

进一步落实《职业院校数字校园规范》《浙江省高校智慧校园建设评价指标体系（试行）》要求，积极开展省级职教信息化标杆学校建设。通过数字赋能提升人才培养质量、科研创新能力、治理水平和管理服务水平。制定阶段性信息化建设规划及行动计划，强化信息化建设推进的整体性和协同性，统筹规划信息化建设与发展。

大力开展"掌上商院"建设，健全"网上办事大厅"，推进日常应用平台的优化与建设，以管理"智能化"提高管理工作的精准化和科学化水平。以校本数据中心建设为基础，推进线上档案馆、网报费控系统、预算及绩效管理系统、审计数据中心等项目建设，实现业务管理、项目管理、预算管理、绩效评价、审计监督等一体化衔接。积极推进"互联网+教育"融合发展，统筹推进智慧教学系统建设，有序推进专业数字化改造。大力开展基于产教协同育人的信息化建设，推进教学资源及应用平台的校企共建共享。创新"互联网+职场化"教学模式，探索利用云计算、AI、区块链、5G等新一代信息等技术，建设新型教学空间，形成"自主、泛在、个性化"的教学环境，为实施线上线下混合式教学模式奠定基础，促进"知识课堂"向"智慧课堂"转变。探索高效率的教学资源可持续开发、应用和服务模式，建设一批线上教学名师空间和名师金课，培育职业教育精品在线开放课程，形成一批省级以上线上教学改革案例和示范课。培育省级示范性虚拟仿真实训基地、示范性智慧实训教室，建设云上优势特色专业，争创云上优质职业院校。分层分类推进信息化培训，广泛提高教职员工现代信息技术运用能力。

【专栏 10：管理服务提质工程】
　　力争建成 50 个智慧教室；争取建成专业教学资源库 10 个；初步建成"掌上商院"；争取学校智慧校园建设达到省内同类院校先进水平；争创云上优质职业院校。

五、"十四五"时期学校发展规划实施的保障措施

　　"十四五"发展规划对学校中长期发展具有指导和推进作用，要加强对规划落实的统一领导和周密部署，强化规划执行的协调与督查机制，从政策、组织、资金等方面为规划实施保驾护航，确保规划任务落到实处，规划目标顺利实现。

　　高度重视，加强领导。加强党政班子对学校发展规划的领导，学校各级党组织、职能部门、二级学院以及各类群团组织要统一思想、高度重视，齐心协力开展规划落实的宣传和推动，促使师生员

工在落实学校规划方面形成共识，形成全校上下共同推进规划落地的强大合力，为规划顺利实施营造良好氛围。

精心组织，保障投入。做好发展目标与具体任务举措之间的协调对接，从经费保障方面科学合理设计好落实推进机制，确保规划真正落地。强化预算对学校事业发展规划的保障作用，规范规划建设项目的预算管理，进一步完善有章可循、操作性强的预算编制、执行、调整、评价等机制，全面保障规划任务的资金需求。

加强督查，优化建设。强化对标管理、过程管理、动态评价与激励反馈，细化发展规划任务，将具体任务与年度工作计划、工作目标结合起来，发挥好年度绩效管理考核在发展规划执行督查中的引导监控作用。激发师生员工在发展规划民主监督方面的能动性，确保发展规划目标与任务落到实处。

参考文献

[1] 别敦荣. 大学战略规划的若干基本问题[J]. 河北师范大学学报（教育科学版），2020，22（1）：1-11.

[2] 周建松. 系统论视角下的国家高等职业教育发展政策研究[J]. 中国高教研究，2014（4）：89-93.

[3] 周优文，朱德全. 高职教育发展与区域产业结构关系的实证研究——基于重庆市 1999—2014 年数据的格兰杰因果关系检验[J]. 职教论坛，2017（30）：15-20.

[4] 劳汉生，朱俊. 教育现代化背景下高职教育发展的省级统筹[J]. 中国职业技术教育，2017（18）：47-52.

[5] 高树仁，董新伟. "高职教育与产业集群协同发展"再认识——基于社会系统理论的视角[J]. 职教论坛，2014（25）：75-78.

[6] 熊惠平. 从区域走向县域：全球视野下中国高等职业教育可持续发展新路径[J]. 职业技术教育，2014（31）：15-19.

[7] 姚奇富. 基于"县校协同创新"的高职院校社会服务能力探析[J]. 教育发展研究，2015（13）：80-84.

[8] 易静. 高校服务地方工作的融合发展路径[J]. 中国高校科技，2017（10）：86-88.

[9] 万发. 地方师院教育科研成果的推广路径——基于周口师范学院校地合作项目实践[J]. 中国高校科技，2017（3）：77-79.

[10] 董钊. 建设利益共同体 有效开展校地合作研究[J]. 中国高校科技，2018（04）：74-75.

[11] 何根海，张勇. 校地合作共建视野中政府与高校的角色定位研究[J]. 中国高教研究，2009（9）：62-64.

[12] 王文华，王卫星，沈秀. 基于商科创新创业人才培养的实践教

学探究[J]. 实验技术与管理, 2016, 33 (12): 21-24.

[13] 王世权, 刘桂秋. 大学治理中的行政权力: 价值逻辑、中国语境与治理边界[J]. 清华大学教育研究, 2012, 33 (2): 100-106.

[14] 赵居礼, 龚小涛, 贺建锋, 吴昊. 高水平高职院校建设内涵解析[J]. 中国职业技术教育, 2017 (25): 46-50.

[15] 卢玲. 优质高职院校建设: 背景、内容和路径[J]. 中国职业技术教育, 2017 (33): 18-22.

[16] 徐国庆. 高水平高职院校的范型及其建设路径[J]. 中国高教研究, 2018 (12): 93-97.

[17] 曾东升. 优质高职院校建设的政策实践比较研究[J]. 职教论坛, 2018 (1): 20-24.

[18] 陈丽. "互联网+教育"的创新本质与变革趋势[J]. 远程教育杂志, 2016, 34 (4): 3-8.

[19] 曹培杰. 未来学校的变革路径——"互联网+教育"的定位与持续发展[J]. 教育研究, 2016, 37 (10): 46-51.

[20] 余胜泉, 王阿习. "互联网+教育"的变革路径[J]. 中国电化教育, 2016 (10): 1-9.

[21] 肖磊, 刘志军. 教育改革中的制度创新: 理论阐释与行动框架[J]. 高等教育研究, 2020, 41 (11): 42-50.

[22] 赵健. 面向复杂认知技能的训练: 四要素教学设计模型 (4C/ID) 述评[J]. 全球教育展望, 2005, 34 (5): 36-39.

[23] Rallet A & Torre A. Is geographical proximity necessary in the innovation networks in the era of global economy?[J]. GeoJournal, 1999, 49 (4): 373-380.

[24] Torre A, Gilly J P. On the Analytical Dimension of Proximity Dynamics[J]. Regional Studies, 2000, 34 (2): 169-180.

[25] Wuyts S, Colombo M G, Dutta S, Nooteboom B. Empirical tests of optimal cognitive distance[J]. Journal of Economic Behavior and Organization, 2004, 58 (2): 277-302.

[26] Knoben J. Oerlemans L A G. Proximity and inter-organizational

collaboration: A literature review[J]. International Journal of Management Reviews, 2006, 8(2): 71-89.

[27] Nooteboom B. Innovation and inter-firm linkages: new implications for policy[J]. Research Policy, 1999, 28(8): 793-805.

[28] Coenen L, Moodysson J, Asheim B T. Nodes, networks and proximities: on the knowledge dynamics of the Medicon Valley biotech cluster[J]. European Planning Studies, 2004, 12(7): 1003-1018.

[29] Schamp E W, Rentmeister B & Lo V. Dimensions of proximity in knowledge-based networks: the cases of investment banking and automobile design[J]. European Planning Studies, 2004, 12(5): 607-624.

[30] Boschma R A. Proximity and Innovation: A Critical Assessment[J]. Regional Studies, 2005, 39(1): 61-74.

[31] Agrawal A, Kapur D, McHale J. How do spatial and social proximity influence knowledge flows? Evidence from patent data[J]. Journal of Urban Economics, 2008, 64(2): 258-269.

[32] Oerlemans L A G, Marius T H Meeus. Do Organizational and Spatial Proximity Impact on Firm Performance?[J]. Regional Studies, 2005, 39(1): 89-104.

[33] Carrincazeaux C, Lung Y, Vicente J. The Scientific Trajectory of the French School of Proximity[J]. European Planning Studies, 2008, 16(5): 617-628.

[34] 李琳, 杨田. 地理邻近和组织邻近对产业集群创新影响效应——基于对我国汽车产业集群的实证研究[J]. 中国软科学, 2011(9): 133-143.

[35] 王庆喜. 多维邻近与我国高技术产业区域知识溢出———项空间面板数据分析(1995—2010)[J]. 科学学研究, 2013, 31(7): 1068-1076.

[36] 李琳，郑刚，杨军.我国产学研合作创新中的地理邻近效应——基于产学研合作创新优秀案例的统计分析[J].工业技术经济，2012，31（9）：28-34.

[37] 邵庆祥.具有中国特色的产业学院办学模式理论及实践研究[J].职业技术教育，2009，30（4）：44-47.

[38] 尹秋玲，杨华.职教院校产教融合实践模式的比较分析——以2020年桂、浙、湘三地调研为例[J].中国高校科技，2022（4）：79-83.

[39] 黄彬，姚宇华.新工科现代产业学院：逻辑与路径[J].高等工程教育研究，2019（6）：37-43.

[40] 郑荣奕，蒋新革.现代产业学院建设：发展历程、组织特征与改革路径[J].职业技术教育，2021，42（30）：14-19.

[41] 万伟平.现行机理下产业学院的运行困境及其突破[J].教育学术月刊，2020（3）：82-87.

[42] 崔彦群，应敏，戴炬炬.产教融合推进应用本科"双主体"产业学院建设[J].中国高校科技，2019（6）：66-69.

[43] 高慧，赵蒙成.高职教育产教融合质量评价中"人"的维度[J].苏州大学学报（教育科学版），2018，6（3）：13-20.

[44] 卢坤建，周红莉，李作为.产业学院推进产教深度融合的实践探索——以广东轻工职业技术学院为例[J].职业技术教育，2017，38（23）：14-17.

[45] 邵坚钢.基于利益相关者理论的职业教育产教融合路径探析[J].教育与职业，2017（2）：43-47.

[46] 周继良，吴肖.现代产业学院促进地方本科院校一流学科建设的内在逻辑——基于产业学院组织属性与特征的考察[J].内蒙古社会科学，2022，43（4）：185-192.

[47] 姜潮，杨旭静，龙湘云，张屹.智造赋能传统工科专业升级转型的探索与实践——以机械工程专业为例[J].高等工程教育研究，2022（4）：25-30.

[48] 陈岳堂.产教融合机制的创新与实践[J].中国高等教育，2022

（Z1）：25-27.
[49] 方兵. 我国高校人工智能产业学院建设：实然、必然与应然——基于30家人工智能产业学院的考察[J]. 中国职业技术教育，2022（4）：52-58.
[50] 李雪，蒋芝英. 基于市场化的校企共建产业学院：逻辑、价值及路径[J]. 教育与职业，2022（3）：35-41.

后 记

　　高等职业院校发展得到党中央和国务院的高度重视,《教育部关于全面提高高等教育质量的若干意见》《高等职业教育创新发展行动计划（2015—2018年）》等系列政策和举措陆续出台,持续推进高职院校发展的核心要素系统化提升。当前"中国特色高水平高职院校和高水平专业建设计划"（"双高计划"）的建设如火如荼,高职院校发展迎来了大好形势,"双高计划"建设的杠杆效应将推动高职院校又快又好发展。随着《关于推动现代职业教育高质量发展的意见》的出台,高质量发展成为未来高职院校发展的主题。诸多院校结合"双高计划"开展高职院校高质量发展的本地化研究与实践,如作者所在院校就立足本地办学,构建特色化商科教育教学发展,深入把握类型教育属性,衔接职业教育与其他类型教育的通道,积极构建高职院校发展命运共同体等,推进现代高职院校产教融合协同育人的本地化实践。

　　当前,高职院校已在推进高职院校产教融合协同育人中进行诸多实践,如浙江商业职业技术学院的党政领导对于发展规划在学校发展过程中的战略引导作用及商科在发展规划中的重点凸显等方面已达成共识,也即面对高职院校发展的新形势、新机遇,要为满足浙江省特别是杭州市经济社会发展需求贡献力量,同时提升学校的综合办学实力,促进学校的可持续性发展。2016年,学校"十三五"发展规划确定实施,发展规划包括一个总规划和十个专项规划,其中在全面回顾总结学校"十二五"发展成果的基础上,描绘出学校未来发展的蓝图,提出建设具有创业教育优势和显著商科特色的国内一流、国际知名的优质高职院校,打造"商业职业教育"中国品牌的战略目标,明确了"十三五"时期十项发展任务和"一条主线、二个平台、三大工程和四个校园"的战略举措。2019年，在学校"十四五"发展规划中更是以"十大建设工程、三十五项发展举措"着重强化了商科高职院校的多板块布局与多路径发展战略。在"双高计划"建设中，通过"全面加强党的建设、打造技术技能人才培养高地、打造技术技能创新服务平台、打造高水平专业群、打造高水平双师队伍、提升服务发展能力、提升服务发展能力、提升信息化水平、提升国际化水平"等十大工程共三十个支撑项目的建设，尤其是通过"服务浙江省万亿元级旅游产业，打造烹调工艺与营养专业群"和"服务浙江省数字经济一号工程，打造电子商务专业群"两大专业群的建设，创新高职院校教育发展与产业融合发展的运行模式，精准对接区域人才需求，提升学校服务产业转型升级的能力，推动学校和行业企业等形成命运共同体，努力打造中国特色高水平高职学校和商科特色专业群，努力实现学校"具有创业教育优势和显著商科特色的高水平高职院校"和"商业高等职业教育中国品牌"的战略目标，努力推进现代高职院校产教融合协同育人的具体实践。

从全国现代高职院校产教融合协同育人的实践来看，自2018年以来，高职院校产教融合协同育人的集群态势越发明显。如在商科职业教育领域，本科层面29所商（管理）学院院长共议商科院校与商科教育的新未来，高职院校方面也有不少作为。如浙江商业职业技术学院携手中国商经学会以举办新商科变革与新商科人才培养国际论坛为契机，与法国等多国开展国际化新商科教育发展研究；无锡商业职业技术学院发起"新商科无锡倡议"；淄博职业学院与山东网商集团共建"新商科"学院等。高职院校携手共进培育人才已经成为共识。

从现代高职院校产教融合协同育人的理论与实践来看，特色化教育发展引领高职院校产教融合协同育人的态势明显。如商科教育发展要与高职院校商科未来发展结合起来，充分理解商科院校教育发展是引领高水平发展的前提与基础。商科是在继承传统商科思想文化教育精髓与商品交易流通本质理论基础上，围绕信息、商品、资金流动方式的变革，协同互联网经济的发展，运用新思想、新模式、新方法、新技术，以培育具有国际化视野、互联网思维与现代商科精神的商科人才为目标的专业学科。商科教育与传统商科教育在培养目标、专业设置、课程设置、教学模式等多方面存在显著不同。特别是要促成电子商务、互联网金融、智慧物流等以联盟或虚拟合作的方式向新零售、智慧商业等新型商科院校教育方面发展。"国家当富强，始基端在商"。显然，针对高职院校商科类型特色的打造，对我国高职院校特色化发展具有直接的拉动效应。从高职院校特色化发展的进程来看，强化特色化建设与发展，势必唤起高职院校的"双高计划"发展热情，不仅将拉动教育部公示的"双高计划"建设名单中的16所商经大类院校（仅以校名归类）等的发展，还将促进高职院校整体水平的提高、整体质量的提升。

从推进现代高职院校产教融合协同育人的实践总体进程来看，要从两个方面注重高职院校高质量发展。第一，现代高职院校产教融合协同育人要注重高职教育的发展规律，把握学校发展规划的重要机遇和发展要求，迎接高职人才培养的新形势、新任务。习近平总书记在2016年全国高校思想政治会议上就强调,实现中华民族伟大复兴，教育的作用不可或缺，我们对教育的需要比以往任何时期的需求都更加迫切。办好高职院校，要高瞻远瞩，甚至要有全球发展格局，以世界一流高职院校的发展为标杆，牢牢抓住全面提高人才培养的能力这一核心，带动学校其他工作。纵观世界高职教育发展规律，高职教育作为世界上许多国家共有的一种教育形式，主要包括十种发展规律：扩张高职规模，强化成人教育与技术培训，强化"升学""转学"功能，建设综合性院校，扩大高职教育受益群，重视远程教育，强化学生的可持续性发展，加强中高职衔接与继续教育，拓展国际化教学，加强合作办学。高职院校坚持"政策引导、资源汇总、协同发展、市场运作"的原则，"政、产、学、研"协同推进，高职教育改革研究与科技创新驱动并行，聚合高职教育的人才资源和科技资源，深化高职教育体制多方协同改革，强化办学资源争取、管理和配置，促进高职教育质量、企业技术升级与地区创新发展，为高职院校可持续性发展奠定良好的基础。第二，现代高职院校产教融合协同育人发展要顺应国家、区域等相关的发展战略，以战略性、前瞻性、创新性、政策性发展服务动能转换与产业升级。习近平总书记在 2014 年国际工程大会上指出，未来几十年新一轮的科技革命和产业革命将同人类社会发展形成历史性的交汇。一方面，区域经济、科技发展需要高职院校为之培养大批一线生产、服务、管理的技术技能型人才；另一方面，高新技术、产业升级的发展又赋予高职院校新的使命与重任。如浙江省在"互联网+"领域成为全国创新创业的高地，涌现了一批"互联网+"的特色小镇。杭州市作为电子商务城市，电子商务产业已连续多年保持 30%以上的高增长，随之而来对电子商务与商贸流通人才的渴求、苛求已成为高职院校高质量、特色化发展的重要推动力。此外，美国《2016—2045 年新兴科技趋势报告》通过对科技趋势的综合对比分析，明确了二十项最值得关注的科技发展项目，其中物联网、机器人与自动化系统、智能手机与云端计算、混合现实、数据分析、增材制造、食物与淡水科技、对抗全球气候变化等科技发展情况，可直接对应高职院校的相关专业或专业群。由此可见，开展现代高职院校产教融合协同育人的理念生成与行动方略、研究述评与对策思考、教学范式与实践创新、要素创新与深度思考等研究是高职院校的责任和使命，具有较大的现实意义。高职院校面向新兴产业和业态，要更新改造高职院校特色专业群建设布局，加快发展新兴专业；在人才培养上突出产教融合、科教协同、国际交流、专本直通等先进优势，提前布局人才培养；为支撑未来经济社会发展，特别是面向具有颠覆性、前沿性产业的发展，要在人才培养的精专、交叉、融通上下功夫，为现代高职院校产教融合协同育人的人才培养立标准、广布局，推动现代高职院校产教融合协同育人的实践与研究不断向前。

李振华

2022 年 12 月于浙江商业职业技术学院